会計天国

今度こそ
最後まで読める、
会社で使える
会計ノウハウ

HEAVEN
AND
FINANCIAL
STATEMENTS

KENREI TAKEUCHI
TOSHIYUKI AOKI

PHP

プロローグ

一瞬、ポルシェの後輪が、ふっと浮いた感じがした。

しかし、北条は構わずアクセルを踏み込んだ。

「……間に合う」

北条はポツリとつぶやいた。今日は一人娘の恭子に、ウェディングドレスの試着のために呼び出されていた。銀座で待ち合わせの予定だったが、クライアントとの会議が長引いてしまい、渋谷の高速の入り口に入った時は、待ち合わせ時間である8時をすでに回っていた。北条は、左手首に巻いたパネライの時計に目を移した。

8時10分。謝って許してもらう許容範囲の時間ではある。

恭子の結婚式まであと1ヶ月。

10年前に妻に先立たれて、男手一人で育ててきた娘だったが、なんとか無事結納も済ませて、女としての幸せを掴むところまでこぎつけた。婚約者は都内で複数の事業を展開している青年実業家である。安っぽい劇団員のような作り笑顔が生理的に気に食わなかったが、それは、北条が経営コンサルタントという職業の立場から見た、厳しい目を持っているからなのか、それとも、父親としての嫉妬なのか、自分

自身も分からなかった。しかし、娘が好きになった男性には、とやかく口を出さないように心に決めていた北条は、笑顔でその婚約者を迎え入れた。そして、今では月に一度、その婚約者が経営している丘のフレンチレストランで、食事をするぐらいの良好な関係になっている。

「……」

ふと、北条は言葉では言い表わせない虚無感に襲われた。

なぜ、「娘」など持ってしまったのか？

しかも、たった一人の娘である。手塩にかけて育てた娘を、なぜ、ここで見ず知らずの男に、しかも無償で差し出さなくてはいけないのか？　いや、正確に言えばタダでもない。外資系の一流ホテルで盛大に行われる結婚式の半分の費用は、北条が出しているのだ。こんな理不尽で、非生産的な道理が、なぜ、今の日本にはまかり通っているんだ？

だんだん怒りが込み上げてきた北条は、その思いをぶつけるかのように、ポルシェのアクセルを勢いよく踏み込んだ。

再び、ポルシェの後輪が、ふっと浮いた感じがした。

北条はいつものように、構わずアクセルを踏み込んで、クルマの体勢を整えようとした。

しかし、愛車のポルシェは意に反してクルリと１８０度車体を回転させると、まるで遊園地のコーヒーカップのように勢いよく回り始めた。

2

プロローグ

「あっ！」
 北条が声を上げた時には、すでに目の前に首都高速の防音用の壁面が迫ってきていて、大きな柱が視界いっぱいに飛び込んできた。

目　次

序章　「1週間後に、お亡くなりになります」 ……… 5

第一章　なぜ、「儲かっている」と言われる会社が、倒産するのか？ ……… 19

第二章　価格競争に陥ったら、会社が必ずやるべきことが一つある ……… 93

第三章　粉飾決算という泥沼から抜け出して、再生する ……… 149

第四章　部長課長が同期との競争に勝って出世する方法 ……… 211

第五章　会社の戦略が変われば、組織も当然、変わる ……… 265

最終章　「幸せ」になろうとする意志 ……… 307

序章

「1週間後に、お亡くなりになります」

「北条さん、北条さん」

男性の声とともに体がゆすられて、ソファで寝ていた北条は目を覚ました。

「やっと起きてくれましたね」

北条が声の主の方に振り向くと、そこには真っ黒なスーツを着た若い男が立っていた。髪はオールバック。細い切れ長の目で、じっと北条のことを見下ろしていた。

「ここは？」

「病院です。北条さん、首都高速でクルマの事故を起こして、死んでしまったんですよ」

「あ……あぁっ！」

北条は事故を起こしたことを思い出して、体のあちこちをバタバタと触り始めた。しかし、どこにも怪我をした様子もなく、着ているスーツに血もついていない。

「今、北条さんの身体は、目の前の手術室で、緊急オペが行われているんです」

「へ？　だって、今、俺の体はここにあるじゃないか！」

「今は幽体離脱をしているんです。実際、見てもらった方が話は早いですね」

男はそう言うと、北条の手を引っ張り、目の前の「手術室」と書かれた扉を開けた。

「おいおい、勝手に入っちゃ……」

北条がそう言いかけた瞬間、目の前に広がる光景に、思わず手で口を押さえた。

目の前で、白衣を着た男性に囲まれて手術を受けているのは、明らかに北条自身の身体で

序章 「1週間後に、お亡くなりになります」

あった。脳、胸、腰、足のいたるところから、ドクドクと血が流れている。

外傷もひどいですが、それよりも脳の損傷が激しく、それが致命傷だったみたいですね」

若い男は、北条の横に立って、場違いな笑顔で言った。

「致命傷って……俺は、死ぬのか?」

「ええ、今すぐではありませんが、しばらく脳死状態が続いて、1週間後にはお亡くなりになります」

「『お亡くなりになります』って……なんで、あんたにそんなことが分かるんだよ!」

「そりゃ、私は『天使』ですから」

そう言うと、男はポケットから名刺を出して、丁寧に両手で北条に差し出した。

「申し遅れました。私、天国からやって来ました天使の『K』と申します」

その男は、腰をキッチリ90度まで折りたたんで、深々とお辞儀をして挨拶をしてきた。

「ちょ、ちょっと待ってくれ! 天使って……もっと、こう頭が金髪でクルクルしていて、背中に羽根の生えた可愛らしい子供のようなイメージがあるんだが」

「『フランダースの犬』の最終回に出てくるような奴ですよね。あれは人間界が勝手に作り出したイメージですよ。だって人の背中に羽根が生えている時点で変じゃないですか?」

「まぁ……確かに」

Kと名乗るその男は、北条のその返答を無視するように、カバンの中からごそごそと赤く

て大きなファイルを取り出して話し始めた。
「えー、北条健一さん。52歳。職業は経営コンサルタント。10月20日午後8時15分。首都高速の新橋のカーブでポルシェで事故死、と。これで間違いないですか?」
「間違いないですかって言われても……死ぬ瞬間なんか覚えていないよ」
「北条さん、最初に言っておきますが、そんなにマジメに反論しないで下さい。これ、儀式みたいなもんですから。そのまま『はい』って、何でもいいから答えて下さい」
「はぁ……はい」
 北条は、目の前で起きていることが、何のことだかさっぱり分からなかったが、とりあえず、冷静に状況を把握するためにも、『K』と名乗る男に従うことにした。
「あなたをこれから天国まで連れて行くんですが、人間界に忘れたものとかありますか?」
「忘れ物? えーっと……ノートパソコンかなぁ」
「はい、ノートパソコン、と。これは、あとで別の天使に持ってこさせます。他には?」
「あとはナニかなぁ……下着とか髭剃りとか、歯ブラシとか……」
「そういうのは天国に完備しているから、ご安心下さい。バッチリですよ!」
 そう言うとKは親指を立てわざとらしいウインクをして、北条に満面の笑顔で答えた。
「他に北条さん、お忘れ物は?」
「えーっと……あっ、思い出した。タキシードだ! 1ヶ月後に娘の結婚式があるんだよ」

8

序章 「1週間後に、お亡くなりになります」

「北条さん、勘弁して下さいよぉ!」
Kはメモをとっていたファイルを人差し指でコンコンとたたいた。
「いいですか、北条さん。よーく聞いて下さい。あなたは死んでしまったんです。だから、もう、娘さんの結婚式には出られません。タキシードなんか必要ないんです」
Kに改めてそう言われて、北条は、初めて自分が死んでしまったことを自覚した。
「俺……本当に……本当に死んじゃったの? もう……生き返ることはできないのか?」
「はい。もう死ぬのは決まっていますから。だから天使である私が迎えに来たんです」
その他人事のようなKの態度に、北条は抑えていた気持ちを爆発させてしまった。
「おい! てめぇ! 何か俺が悪いことをしたのかよ!」
「何をわけの分からないことを言っているんですか! 悪いことをしていないから天国に行けるんですよ。こんなに喜ばしいことないじゃないですか!」
「死んで喜ぶ奴なんかいるかぁー!」
北条は頭を抱えてしゃがみこんで、咳き込むように泣き出した。
「こんな……こんなひどい人生あるかよぉ……」
「北条さん、そんなに悲しまないで下さいよ。人の死なんて、たまたまタイミングが悪くて発生したトラブルみたいなもんですから」
天使は北条の肩に手を置くと、静かに話し始めた。

「経営コンサルタントである北条さんに、こんな質問をするのは失礼かもしれませんが、商売で成功する要素で一番大切なことって、何だと思いますか?」
「一番大切なこと……それは『運』だな」
「そう、『運』なんです。運って商売をやる上でも、すごい重要なことですよね。がんばって勉強をしても、頭の良い経営者でも、運が悪いと、いつまでも貧乏でしょ。でも、運がいいと、少しぐらい下手クソなビジネスを展開しても、なぜかうまくいっちゃう。実は、『運』って、生きていく上で、とっても大切なことなんです」
「それと、俺の死に、どんな関係があるんだよ」
「死んじゃったっていうことはですね。つまり『運が悪かった』ってことだけなんですよ」
Kは、そう言うと、愛想よくニコッと笑った。
北条は、その頭の悪そうな笑顔を見た瞬間、目を吊り上げてKに飛びかかった。
「お前に、運が悪いなんて言われたくねぇんだよ!」
北条は掴みかかった両手でKの首をぐいぐいと絞め始めた。
「ううがっ、北条さん、ちょっ、ちょっと待って下さい! 話を最後まで聞いて下さい。実は、ここに素晴らしいオチがあるんですよ」
Kが蚊の鳴くような擦れた声でそう言うと、北条は首を絞める手を弱めて、相手の体をドンと突き飛ばした。天使は両手を地面につけてゲホゲホと咳をしながら、話し始めた。

序章 「1週間後に、お亡くなりになります」

「げほっ、いいですか、悪い運の次には、良い運が来る確率が高くなるんです」
Kはそう言うと、よろめきながらもカバンの中から、大きな四角い箱をひとつ取り出した。
北条はどうしてあんな薄っぺらいカバンに、縦横20センチぐらいの大きな箱が入るのかは疑問だったが、とりあえず、今、自分のいる世界は常識が通じない世界なので、細かいことは気にしないようにした。
「な、なんなんだよ、この箱は」
「くじ引きの箱です。見たことないんですか？」
「そりゃ、真ん中にこんなでかい穴が開いている箱は、くじ引きの箱以外ないだろう。俺が聞きたいのは、なぜ、今ここでくじ引きの箱が出てくるのかってことなんだよ！」
北条は箱をツンツンと人差し指で突いた。
「さっき言ったじゃないですか。人の死なんて『運』の違いだけです。だから、今から北条さんの『運』を試すんです。さぁ、この箱の中にある三角くじを引いて下さい」
「三角くじ？」
「そして、運がよければ、豪華商品を差し上げます！」
天使はそう言うと、カバンの中から黄色いハッピを取り出して、それを羽織ると小さな金色の鐘を持って、ニコニコしながら箱を北条の前に突き出した。

「さぁ、運が悪かったあとには、必ずいいことが起こりますよぉー! どうぞぉ!」
「……おい、Kさん。なんで……天使が、三角くじを俺に引かすんだよ」
「なぜって、そりゃあ、今、天国では死んだ人の満足度を上げて天国まで連れて行かないと、そのまま成仏できないで魂が現世に残ってしまい、今、大きな社会問題になっているからですよ。ちゃんと満足度を上げて天国まで連れて行くキャンペーンを展開しているんです」
「言っている意味が分からんな……。で、ちなみに1等の賞品ってなんなの?」
「えぇー、北条さんって、そういうの最初に聞いちゃうタイプなんですかぁ? まぁ、別に言ってもいいですけど、賞品が当たった時に、喜びが半減しちゃいますよ」
「そ、そうかなぁ? じゃあ、言わなくていいよ」
「えぇー、ホントに聞かなくていいんですかぁ? めっちゃ驚きますよ!」
「てめー、どっちなんだよ!」
「あ、すみません、北条さんの反応が面白いから、つい……」
そう言うと、Kはシャカシャカとくじ引きの箱を振り始めた。北条は憮然とした表情のまま、黙って箱の中に手を突っ込み、一枚の三角くじを引いた。
「さぁ、北条さん、何番ですか?」
「えーっと、『7』って数字が書いてあるね」
「なっ、7番ですかぁ!」

序章 「1週間後に、お亡くなりになります」

Kは急にこわばった顔になり、右側の眉毛をひくひくと引きつらせながら、ブルブルと震え始めた。

「お、おい！　良い賞品なのか、悪い賞品なのか？　どっちなんだよ！」

「……大変申し訳ないんですが……残念賞です」

天使はぐったりと疲れきった表情で、頭を垂れた。北条自身もふざけたくじ引きだとは分かっていたものの、実際、残念賞という言葉を聞くと、がっくりと肩を落とした。

「そっかぁ……ちなみに聞いておくけど、一番良かった賞品は何だったのかな？」

「スイカです」

「……ス、スイカって、あの食べるスイカ？」

「もちろんです。JR東日本のスイカを天国で食べても意味がないのではと思ったが、北条はスイカを天国で食べても意味がないのではと思ったが、どうせ常識が通じない会話になるのは目に見えていたので、ツッコミは入れなかった。

「じゃ、じゃあ聞くけど、二番目に良い賞品はなんだったの？」

「アイフォンです」

「えっ、あのアップル社の携帯電話？」

「ええ、実際には、名前が『ハイフン』っていうニセモノですけどね」

「……じゃあ、最初からハイフンって言えよ」

13

「だって、ハイフンって言っても、分からないでしょ？　なんたってニセモノなんですよ」
　天使は北条と話しながら、セコセコとくじ引きの箱を折り畳んでカバンにしまい始めた。
「北条さん、三番目の賞品については、聞かないんですか？」
「聞かない」
「えーっ、なんで、すごい賞品なのに……」
「どうせ、油取り紙とか、そんなくだらないもんなんだろ」
「えっ……なんで分かったんですか？　三番目の賞品は油取り紙なんですよ！　すごいなぁー、さすがはカリスマ経営コンサルタントですね。じゃあ、きっと北条さんが引き当てた残念賞も内容が分かっちゃうんでしょ？」
「……もう、当てる気も起きないね」
「えー、ホントですか？　じゃ、私が答えちゃいますよ」
「あー、どうぞご勝手に！」
「パンパカパーン！　では、北条様が当てましたキャンペーン三角くじの残念賞の発表をさせて頂きます。ドコドコドコー！　賞品は、『現世への復活チャンス券』でーす！」
「……現世への……復活チャンス券？」
「はい。今から与える課題をクリアしたら、現世へ復活することができます」
「マ、マジで？　現世へ復活っていうことは、生き返ることができるってこと？　なんで、

14

序章 「1週間後に、お亡くなりになります」

「そんなに素晴らしい賞品が残念賞になっちゃうんだよ！」

北条はKの両肩を掴むと、ユサユサと揺らし始めた。

「だって……課題がクリアできなかったら、地獄へ行っちゃうんですもの」

「地獄？」

「地獄はとても辛いところですよ。分かりやすく言えば、血の海があって、針の山があって……」

「そりゃ……嫌だな」

北条は顎に手をやりながら、うーんと唸った。

「地獄へ行ってしまうと、天国の利益にもならないし、かといって生き返ってしまっても、やっぱり利益にはならない。だから、天使にとったら『残念賞』なんですよ。でも……」

「でも？」

「課題をクリアし続ける最中に、もし『天国に行ってもいいかなぁ』と思ったら、そこでリタイアを宣言しても構いません。リタイアした時点で天国行きが決定しますから」

「それは、挑戦者に有利な条件だな」

「はい、あくまで死んだ人の満足度を上げることが、このサービスの目的ですからね」

そう言って、天使はカバンの中から分厚い本を出して、ぺらぺらとめくり始めた。表紙には『現世への復活チャンス券マニュアル』という文字が書かれている。

「えー、ルールを説明しますね。今から人生を踏み外しそうな五人のところに行きます。この五人はそのままほっといたら、必ず『不幸』になります。そうなる前に、北条さんが適切なアドバイスをして、五人すべての人生を『幸せ』に導いて下さい」

「幸せって……『何』を基準で『幸せ』と判断するんだよ」

「お金でも、名誉でも何でも構いません。ただし、その人の人生がそのまま北条さんの『勝ち』となります。その人が心の底から『幸せ』を感じた段階で、北条さんの『負け』が決定となります」

「おいおい、そもそも死んだ俺がどうやって生きている人にアドバイスするんだよ。それと、その人の人生が幸せになるのか不幸になるのか、すぐには分からないじゃないか！」

「それは、ゲームが始まってから、おいおい説明していきます。まずは、北条さんが、このゲームに参加するのか、参加しないのかの意志を聞かせて下さい。ただ、失敗したら、北条さんは地獄へ行くことは忘れないで下さい」

北条はゴクリと唾を飲み込んだ。

Kは分厚いマニュアル本を閉じると、ニコリと笑って言葉を続けた。

「安月給だけど、雇われの身を選ぶか、それとも一文無しになってもいいから独立起業の道を選ぶか……北条さん、確か15年前に、同じような状況で人生の選択をしましたよね？」

「なんで、お前がそんなこと知っているんだよ！」

16

序章 「1週間後に、お亡くなりになります」

Kの言うとおり、会計士だった北条は15年前に、脱サラをして経営コンサルタントとして独立するか、それとも大手会計事務所で働くサラリーマンのままでいるのか、悩んだ末に起業という選択をして、自分の会社を設立したのだった。

「北条さん、今回もすでに答えは決まっているんじゃないですか？」

「でも、俺に人を幸せにするアドバイスなんて、できるかどうか……」

「その点はご安心下さい。アドバイスする五人は、何かしら北条さんの今までの人生に関わってきた人達ばかりです。それに、幸せまで導くアドバイスは、その人の職業や経験にあったものが、主なテーマとなります。確か、北条さんは経営コンサルタントといっても、得意ジャンルは『会計に関するコンサルティング』でしたよね？」

「そりゃ、会計士の資格を持っている経営コンサルタントだからね」

「じゃあ、アドバイスは会計に関するものが中心となりますよ」

Kはそう言うと、すっと右手を北条に差し伸べた。

先ほどまでのいたずらっぽい笑顔はなくなり、細い目からは緊張感のある視線が北条を突き刺さった。

「どうします？ 私とこのまま安定した天国に行きますか？ それとも、地獄に行く可能性があったとしても、現世への復活の道を選びますか？」

北条はじっと目を閉じた。

そして、しばらくすると、かすかに震える手で、Kの手を握り締めて力強く言った。
「俺は娘の結婚式に出席しなくてはいけない……その不幸な五人に、会わせてくれ」
その言葉を聞いて、Kはニコリと笑うと、「じゃあ一人目の人物に会いに行きますか」と言って、北条の手をぎゅっと掴み、せわしない手術室の扉を勢いよく開けて外に飛び出して行った。

第一章

なぜ、「儲かっている」と言われる会社が、倒産するのか？

女性アナウンサーの質問に、加賀竜二は八重歯を見せる笑顔を作って、こう答えた。

「会社を作ってから10年間、本を読んだり、講演会やセミナーに参加したりして、たくさん勉強してきましたよ。プロの経営者になるために、ひと通りのことはやりましたね」

加賀がそう答えると、女性アナウンサーはウンウンと大げさにうなずいた。

「加賀さんのその努力があったからこそ、12店舗目のお店をこの表参道に出すことができたんですね。昔はアイドル、そして、今はアパレルブランドの社長さんですからねぇ」

「私の努力だけじゃないですよ。一緒に働いてくれる社員が昼夜問わず頑張ってくれて、彼らがいたからこそ、ここまで会社を大きくすることができたんです。でも、そこらへんの組織作りに関しては、実は芸能界での経験がとても活かされているんです。みんなで、ひとつの番組を作るプロセスと、ひとつのブランドを育て上げていくプロセスは同じですから」

「わぁ、なんだかステキな話ですねぇ。ぜひ、これからもがんばって下さいね」

そう言いながら、女性アナウンサーがカメラ目線になると、ディレクターが指で5秒数えたあとに、店内には「カーット!」という大きな声が響き渡った。

「どーもー、お疲れ様でしたぁー」

音声スタッフが加賀の胸につけているピンマイクを抜き取りに来た。それと同時に、顎ヒゲをはやしたチーフプロデューサーが近寄ってきた。

「加賀ちゃん、よかったよー。アイドル時代と同じで、カメラの前だと笑顔が映えるねぇ」

「おだてないで下さいよぉー。もう芸能人でもタレントでも何でもないんですから」

「いやー、それにしても、あのアイドルタレントだった加賀竜二が、アパレルブランドの社長になっちゃうなんて、やっぱり世の中、何が起きるか分からないもんだよねぇ」

「そうですよねー。俺自身が、今でも夢を見ているような感じですから」

「でも、あの苦労話は確実に視聴者の涙を誘うね。アイドルを引退してから、六畳一間・トイレ共用のアパートに引っ越して、せっせとアパレルの勉強をする話のくだりなんて、俺、加賀ちゃんのことをよく知っているだけに、自分でモニターを見ながら泣けてきちゃったよ」

そう言うと、チーフプロデューサーは、ハンカチでわざとらしく目元をぬぐった。

「チーフ、止めて下さいよぉ。こうやって今、自分がアパレル会社の社長をやっていられるのも、チーフみたいに僕のことを思い出してくれて、テレビで取材してくれる人がいるからこそなんです。やっぱり、人の付き合いって、とっても大事なんだなと改めて思っちゃいますよ」

「おいおい加賀ちゃん、なんか人間としても大きく成長しちゃったんじゃないのぉ?」

「はははっ、ナニ言っているんですかぁ」

加賀はそう言うと、もう一度、チーフプロデューサーと握手をして、「次の仕事がありますから」と現場スタッフにも軽く会釈をして、お店の裏に姿を消していった。

ノンバンクからお金を借りる怖さ

「お疲れさん」

加賀がお店の裏側の事務所に入ると、取締役の陣内が栄養ドリンクを手渡してきた。

「いやー、まいった。陣内、今日のテレビの撮影、放送は確か深夜枠だっただろ?」

「いや、日曜日の朝の5時半だよ。オマケに埼玉限定のローカル経済番組だぜ」

陣内は手帳を見ながら答えた。

「かーっ、やってられっかよぉ。それで3時間も拘束かよ。ふざけんなよ、あのバカプロデューサー」

「おいおい、そう言うなよ。ああやってテレビ撮影が店内で行われるだけでも、通行人にはいい宣伝効果になるんだからさ」

「そんなの分かってるよ。でも、もう、あんな番組は出たくないな」

「それもそうだなぁ……40歳を越えちゃったら『元アイドル』って言葉ですら、ブランドイメージを傷つけかねないからな」

「おっ、陣内、よく分かってんじゃん。さすが取締役、アーンド、幼馴染」

加賀は軽くウインクをしてそう言うと、指をパチンと鳴らした。

第一章　なぜ、「儲かっている」と言われる会社が、倒産するのか？

陣内は加賀の会社では取締役という肩書きだが、元は小学校からの幼馴染だった。アイドルとしては峠を越えて干され始めていた加賀と、アパレル会社での出世が行き詰まっていた陣内は同窓会で意気投合し、10年前に二人でアパレルブランドを立ち上げたのだ。

加賀の元アイドルから経営者への華麗なる転身と、陣内の斬新なファッションセンスのおかげで、瞬く間に商品はマスコミで話題となり、今では都内の女子高生を中心に、カリスマ的な人気ブランドへと成長していた。

「それにしても、加賀はやっぱりテレビの取材に慣れているよなぁ」

「そりゃそうだよ。俺は何年もあのカメラの前で、歌ったり踊ったりしてきたからね」

「でも、あの六畳一間・トイレ共用のアパートの苦労話は、いつ聞いても噴き出しそうになるよ」

「ああ、お前の創作した話だろ」

加賀はそう言うと、栄養ドリンクの空き瓶を、離れたゴミ箱に放り投げた。

「たまたま、うちらのブランドが最初から大当たりしたから、何の苦労もせずにここまでやって来れたけど、ああやって苦労話をすると、なぜかみんな応援してくれるんだよねぇ」

加賀はそう言うと、ポケットから小さな紙切れを取り出した。

「最初はこのカンニングペーパーを取材の直前まで何度も読んでいたけど、今では暗記してスラスラ話せるよ。ご要望ならば、涙を流すこともできるね。それに、お前の作るシナリオ

は、そこらへんの放送作家なんかよりも全然話の筋がいいからなぁ。俺、経営の『け』の字も知らないのに、『経営の勉強をしています！』って言ったら、あの女性アナウンサー、目をキラキラさせながら、ずっと俺のこと見てたもん。ありゃ、俺に惚れたな」
そう言うと、加賀と陣内は二人でケラケラと笑い出した。
「加賀はこれからも、今までどおりに振る舞ってくれれば、それでいいからさ。まぁ、頼むわ」
「ああ、それは任せておけって。でもさ……」
「でも？」
「俺、タレントだったからさ、言われたとおりに動くのは得意だけど、自分の頭で考えるのはどうも苦手でさ。俺は陣内がいなきゃ、何にもできないよ、ホント」
加賀は急に落ち着いた口調になって、話し始めた。
「これからも、俺の信頼するパートナーでいてくれよ」
「そう言ってもらえると嬉しいよ」
陣内はニコリと笑うと、カバンの中から書類を取り出して、加賀の前に近寄ってきた。
「でさぁ、こんな話が出たから、早速っていうのもなんだけど、実は相談があってさ」
「なんだよ、あらたまって」
「実は２日後の社員の給与と、ここの表参道店の家賃が支払えないんだよ」

第一章 なぜ、「儲かっている」と言われる会社が、倒産するのか？

「えええ！」
加賀は驚きのあまり、座っていたイスをひっくり返して立ち上がってしまった。
「まぁ、そう慌てんな！ いいか、うちの会社は前期の決算で年商15億円はある。ただ、決算日の直前に銀行から2000万円のお金を借りて、すでに借入金の合計は2億円になってしまったんだ。だから、銀行から、さらにお金を借りるのは難しいかもしれないけど、ノンバンクだったら、いくらでも貸してくれるはずだ」
「……で、いくらぐらい調達すればいいんだよ」
「……1000万円あれば、たぶん大丈夫かな」
「いっ、1000万円！ お前、銀行に今、いくらぐらい残ってんだよ」
陣内はカバンの中からぶっきらぼうに通帳を取り出して、加賀に手渡した。
「なんだよ！ 残金が320万円しかないじゃないか！ それに、そもそも支払いは2日後だから銀行の融資枠はいっぱいなんだって！ ノンバンクなら即決で貸してくれるはずだ」
「だから、銀行の融資枠はいっぱいなんだって！ それに、そもそも支払いは2日後だから銀行の遅い審査じゃ間に合わない。でも、ノンバンクなら即決で貸してくれるはずだ」
「ノンバンクって……サラ金のことだろ？ 金利も高いんじゃないのか？」
「預金を受け入れないだけで、銀行と変わらないよ。今の時代、スピードが大事なんだ。それに、ノンバンクは賢く使えば、そんなに損をすることもないんだぞ」
陣内は立ち上がって、事務所の中にあるホワイトボードに数字を書き始めた。

「いいかい？　例えば、ノンバンクから1000万円のお金を借りたとしよう。この金利が1年間で15％だと、年間150万円の利息を支払うことになる」
「ごめん、俺、よく分かんないんだけど」
「うーん、都市銀行で3％ぐらいの金利だからね。それと比べれば、5倍にはなるな」
「5倍って！　じゃあ、そんなところから金なんか借りるなよ！」
「話は最後まで聞けよ。150万円って、1年間ずっと借りていた場合の金額なんだ。でも、来月には全店のカード決済による売上のお金が、会社の口座に振り込まれるだろ。そしたら、こんな借金はすぐに返せる。だから実際には、1ヶ月分の12万5000円だけを支払えばいいってことさ。お前なんて、俺が渡しているお小遣いで女の子と飲みに行って、毎月50万ぐらい使ってるだろ？　それに比べたら、全然安いよ」

その話を聞いて、加賀は少し落ち着きを取り戻した。
「確かに……12万円ぐらいのお金で、今の危機的状況を乗り切れるなら、まぁいいか」
「よし、決まりだ！　今からノンバンクに一緒に行こう」

そう言うと、陣内は立ち上がり、カバンの中に会社の資料を詰め込み始めた。

ノンバンクでの手続きは1時間ぐらいで終了した。すぐに借りた1000万円は、会社の口座に振り込まれて、銀行で通帳を記帳した加賀は、ほっと胸を撫で下ろした。

第一章　なぜ、「儲かっている」と言われる会社が、倒産するのか？

二人は銀行の隣にある喫茶店に入って、アイスコーヒーを2つ頼んだ。

「陣内、今回はびびったよ。でも、なんで、銀行の残高がこんなになっちまったんだよ」

「……俺にも、よく分かんないんだよ」

陣内は小声で答えると、加賀と目を合わせずに、コーヒーをすすった。

「おい、分かんないはないだろ！　陣内には会社の経理を任せているんだからさ」

「そう言ったって、俺は洋服のデザインしかやったことがないから、数字を追いかけるのがそもそも苦手なんだよ。今回だって、俺の嫁さんが経理をやっていたから早めに気づいたものの……本当に320万円の残高を見た時には、自分の目を疑ったからね」

「おいおい、ちょっと待てよ。でも、それって会社に残るお金とは違うんじゃないの？」

『当期純利益』ってやつね。でも、この会社の今年の利益は3000万円になります』って説明してくれたじゃないか

「『利益』の意味ぐらい分かるんだぞ！　さては陣内！　お前、俺のことをごまかそうとしているだろ！」

「お前、社員や俺達のこと、疑うのかよ！」

「そう思うしかねぇだろ！　違うなら3000万円の行方を教えてくれよ！」

「知らねぇよ！　そんなの加賀が勝手に探せ！」

二人は知らないうちに大声で怒鳴り合っていた。ウエイトレスが震えながら近づいてきて

「あのぉ、他のお客様のご迷惑になりますので」と、申し訳なさそうに声をかけてきた。

二人で「すみません」と小声で言うと、再び腰を下ろした。しばらく沈黙が続いて気まずい空気が流れたが、陣内が小さな声で話し始めた。

「とにかく、今は目の前の経営に全力を尽くそう。俺の方も、もしかしたら誰かがお金を流用している可能性があるかもしれないから、内密に社内調査を行ってみるよ」

「すまん、陣内。俺、自分が何にも分からないから、マジで怒鳴っちゃって」

「そんなの気にすんなよ。俺達、幼馴染だろ」

陣内はそう言うと、加賀の肩に手をやってポンポンと叩いた。

「さっきも言ったけど、来月に売上の入金さえあれば、すぐに返せるからさぁ」

陣内のその言葉を聞いて、加賀は突然、パチンと頭の中で何かが弾けた。

「……ん？ 陣内、ちょっと待てよ。来月にカード決済の売上が回収できて、ノンバンクから借りていた１０００万円を支払うことができたとしようよ。でも、すぐに店舗の家賃と人件費を支払わなきゃダメだろ？ そしたら、そのお金はどこから調達するんだよ」

「あー、それだったら、またノンバンクから借りてくりゃいいんだよ。まぁ、今度は審査の時間もあるから、一応、銀行にも相談してみるけどさ」

「おい！ それだと、ただの自転車操業じゃないか！」

「大丈夫だよ。また俺が新作をバシッと作ってやるからさ」

第一章　なぜ、「儲かっている」と言われる会社が、倒産するのか？

「その新作が売れるっていう確証はあるのかよ！　言っておくが、1000万円っていう借金をしたのは、経営者の俺だぞ！　さらに銀行からの借金が2億円もあるなんて……もっと責任を持って、仕事をやってくれよ！」

「そんなこと言うんだったら、お前が会計とかを勉強すればいいじゃないか！」

「うるせぇ！　そんな面倒くさいことやってられっか！」

加賀は陣内を怒鳴りつけると、テーブルの上に散らばっていた会社の決算書や資料をカバンの中にぐちゃぐちゃに詰め込むと、1万円札を叩きつけて喫茶店から飛び出した。

陣内がそう言うと、加賀はテーブルをバンッと両手で叩いて立ち上がった。

ルールは1時間以内に説得すること

天使のKと北条は、ずっと加賀と陣内のやり取りを見守っていた。

「俺が救わなきゃいけないのは、加賀という経営者か？　それとも右腕の陣内か？」

「えーっと、経営者の加賀の方ですね。彼は、このまま行くと自転車操業に陥ってしまい、1年後には不渡りを出して会社を倒産させてしまいます」

「決算書が読めない奴は必ず会社を倒産させるんだよ。いいんじゃないの、そのまま会社を潰しちゃっても。特に加賀っていう男は、元アイドルで頭も悪いし、性根も腐ってる。

北条はそう言うと、はははっと乾いた声で笑った。

「でも、会社が倒産してしまったら、当然、加賀は不幸になるから、北条さんも現世に復活できなくなって、そのまま地獄行きですよ」

「……」

「それに、北条さんは加賀に対して、ひとつだけ後ろめたいことを過去にやっています」

「おいおい、あの男に会ったのは、今回が初めてだぞ。俺は基本的には大企業しかコンサルティングはしないし、そもそも決算書が読めない経営者なんか相手にはしない」

「最近の話ではありません。15年ぐらい前、娘の恭子さんが小学3年生の頃の話です。その当時、恭子さんが大好きだった芸能人がいて、そのタレントさんのサインを誕生日にもらってきてやるって、北条さん、ウソをついたことがありますよね?」

「……」

「ごまかしても無駄ですよ。天国では北条さんの個人情報や、過去にやった出来事などをすべてファイルで保管して持っていますからね」

Kはそう言うと、「北条健一」と書かれた赤いファイルをカバンから取り出した。

「北条さんは当時、独立したばかりで仕事もお金もなく、娘の誕生日に何をプレゼントしたらよいのか悩んでいた。そして、恭子さんが当時大好きだったアイドルタレントのポスターに目をつけて、自分のお客さんにテレビ局の芸能プロダクションがあるとウソをつき、誕生

第一章　なぜ、「儲かっている」と言われる会社が、倒産するのか？

日までにサインをもらってくるって約束したんです。その当時はコネもなく、サインをもらうこともできず、自分で買ってきた色紙に、北条さんが、そのタレントのサインをそっくり真似して書いて、恭子さんに渡したんです」

「……つまり、恭子がその当時ファンだった男性タレントが、今、目の前で頭を抱えている加賀竜二だということなんだな」

北条が静かにそう言うと、Kはニヤニヤと笑いながら答えた。

「正解です。そういう意味で、北条さんは加賀にお世話になったということになるんです」

「……それだけか？」

「だから『それだけ』と言いました！　俺と加賀の接点というのは、そんなちっぽけなことなのかよ！」

「へっ？　今、なんて言いました？」

「それだけですよ。何かご不満でも？」

「不満も何も、まったくの赤の他人じゃないか！　お前、さっき、このゲームが始まる時に『アドバイスする相手は、俺となんらかの接点があるから大丈夫です』って言ってたじゃないか！　こんなの接点がないのと同じだよ！」

「いえ、一応、北条さんがサインをパクッた相手ですから、接点はありますよ」

「パクッたとか、人聞きの悪いことを言うな！」

31

北条は逆ギレして、天使の首を絞めにかかった。Kは「ちょっと待って下さい!」と、慌てて北条の手を放して、ゲホゲホと咳をしながら話を続けた。

「北条さん、落ち着いて下さい。今はどんな理由であれ、加賀を幸せにするアドバイスをして下さい。そうしないと、北条さん、無条件で地獄行きが決定してしまいますから」

その言葉を聞いて、北条は我に返った。確かにKという男は、腹の立つ話を繰り返す相手ではあるが、いざという時はこうやって冷静な判断を下してくれる。

「とにかく、加賀のカバンの中に決算書や会社の資料が入っていますから、北条さんは、それを見ながら適切なアドバイスをしてあげて下さい」

「分かったよ。とりあえず、2～3日かけて説得してみるよ」

「いえ、そんなに時間はないんです。制限時間は1時間以内とルールで決まっています」

「おいおい、そんなの聞いてないよ! そんな短い時間じゃ、無理だよ!」

「無理なら地獄へ行きますか?」

「……」

苦虫を噛み潰したような顔の北条に対して、Kは笑顔でたんたんとルールの説明を続けた。

「今の北条さんは魂しかありません。だから、いくら加賀さんに話しかけても言葉が届かないんです。そこで、加賀さんの近くにいる誰かに乗り移って、彼を説得してもらうことにな

32

第一章　なぜ、「儲かっている」と言われる会社が、倒産するのか？

ります。ただし、半径1メートル以内の人間に限ります」

「半径1メートル以内に人間がいなければ？」

「最悪、モノに乗り移ることはできます。ただし、『口』はついていないとダメですね」

Kはそう言うと、北条の手を引いて街の中を歩き出した。ビルとビルの間の小さな路地を抜けて、小料理屋が続く飲み屋街に出てきた。

そして、小さなスナックの前で立ち止まり、扉を開けて店内に入り込んだ。

「ふざけるなぁー、あのクソ野郎ー！」

お店の中では、カウンターで酔っ払って、大声を張り上げる加賀の姿があった。

目の前では、中年をとうに過ぎたママが「加賀ちゃん、どうしたのぉ〜」と甘えた声でなだめている。店の中には、他の客も店員も見当たらない。

「さぁ、北条さん、今から加賀さんにアドバイスをして下さい！　あいにく時間と場所は、私達に決める権利はないんです。さぁ、早く乗り移って！」

「おいおい、突然、こんなところで乗り移れって言われても……目の前には、スナックのママさんしかいないじゃないか。こんな厚化粧の中年女なんかに乗り移りたくないよ！」

「安心して下さい。あのママ、女性じゃありませんから。ほら、口の周りにうっすらとヒゲ

北条が後ずさりすると、Kは掴んだ手をグイッと引っ張った。

が生えているでしょ？　オカマなんです。だから安心して乗り移って下さい」
「オカマって言われて、安心する奴なんかいるか！」
「ワガママ言わないで下さい。制限時間は1時間しかないんですから。行きますよ！　10・9・8・7……」
「ちょ、ちょっと、どうやって乗り移ればいいんだよ！」
「そのまま体ごとぶつかっていけば、すぐに乗り移れますから！　3・2・1……」
それでも北条がためらっていると、ママの体に抱きつくようにもたれかかった。一瞬、体が宙に浮いている感じがしたが、すぐに店内が見渡せるカウンターが視野に入り、目の前でぐでんぐでんに酔っ払った加賀がうつぶせで眠っている姿が目に飛び込んできた。

「今、理解したい！」という強い気持ちが大切

「うぃ〜、もういっぱい〜」
加賀が甘えた声で、オカマバーのママに話しかけてきた。ママに乗り移った北条は、その声が聞こえなかったかのように、乱暴な口調で加賀に話しかけた。
「ねぇ、会社の決算書を見せてちょうだいよ」

第一章　なぜ、「儲かっている」と言われる会社が、倒産するのか？

「へ？」
「今、会社の資金繰りで悩んでいるんでしょ？　私がいろいろ教えてあげるからさ」
「あんたにだったら、下の世話まで指導されそうだから嫌だよ」
「……」

北条は、自分のオカマ役をバカにされた気がして一瞬腹立たしさを覚えたが、ぐっと抑えた。そして、話をスムーズに持っていくために、適当なウソをついた。
「私、こう見えても、昔は銀行で融資担当をしてたのよ。だから、ためになるアドバイスができると思うわよ。そのカバンに書類が入っているのは、分かってんのよー。さあ、見せてちょうだい」
「あー、うるさいなぁ。分かったよ。どうせ俺が見ても分からないし、勝手に見れば！」

加賀はそう言うとカウンターの上に、乱暴に書類を投げ散らかした。加賀はその中から『損益計算書』という用紙を引き抜くと、ぶつぶつと文句を言い始めた。
「なぁ、ママ、おかしいんだよ。この決算書の『当期純利益』ってところに3000万円っていう数字があるだろ？　それなのに、うちの会社、銀行に320万円しかないんだよ。しかも運転資金が足りなくなって、今日、ノンバンクで1000万円も借りたんだぜ」
「ねぇ、加賀ちゃんは、会社の『貸借対照表』は見ていないの？」
「へ？　たい、たいしゃく、何じゃそりゃ？　決算書のこと？」

35

「10年も経営者をやっていて、『たいしゃくたいしょうひょう』も知らないの?」

「そんなの知らないよー。いつも友人の陣内っていう取締役は、会議の時に、この『損益計算書』ってやつしか見せてくれないからね」

「加賀ちゃん、いい? そもそも『決算書』っていうのは通称で、正式には『財務諸表』って呼ぶのよ。それで、さっきの『損益計算書』と、今から説明する『貸借対照表』、それに『キャッシュ・フロー計算書』の3つが代表的なもので、『財務三表』とも言うのよ」

「へえー、なんかよく分からないけど、面倒くさそうだなぁ」

「おそらく、取締役の陣内さんも会議にこの『損益計算書』しか出してこないんだと思うわ」

「ってことで、経営者は、財務……なんちゃらっていう書類とじっくりにらめっこしなきゃいけないことは分かったよ。でも、俺、やっぱり理解する自信ないわ。もう帰る」

「とにかく、一点をじーっと見つめたあと、「よしっ」と言って、ママの目を見て話し始めた。

「こんなところで諦めてどうするの! あんたが借りたノンバンクからの1000万円が返せなくなってもいいの?」

それを聞いた加賀は、目の前のバーボンのロックを、ぐいっと一口飲み込んだ。しばらく、一点をじーっと見つめたあと、「よしっ」と言って、ママの目を見て話し始めた。

加賀はそう言うと、背広の内ポケットから財布を思いっきり掴んだ。ママは加賀の返答に、一瞬、呆然としてしまったが、我に返って、加賀の手を取り出した。

第一章　なぜ、「儲かっている」と言われる会社が、倒産するのか？

ママがそう言うと、加賀の動きがピタリと止まった。

「決算書っていうのはね、ほとんどの人が『分かっているふり』をしているだけで、ちゃんと理解なんてできていないのよ。だから、加賀ちゃんみたいに、分からなくて当たり前なの。全然、恥ずかしいことじゃないのよ」

「でも、ママ、みんなが『分かっているふり』をしなきゃいけないような難しい決算書の話を、こんなバカな俺が理解できると思う？」

加賀が泣きそうな顔をして振り向くと、ママは優しい笑顔で静かに言った。

「できるわよ。だって、みんな、決算書が分からないんじゃなくて、『今は』分かろうとしないだけなの」

「今は？」

「そう、決算書が分かるって本当に大事なことなんだけど、経営をしていると『売上』を増やすことで精一杯だったり、『利益』が黒字というだけで安心しちゃうのよ。それで、『今は』そんなに重要じゃないかなって思って、途中で決算書を理解するのを諦めちゃうのよ」

「俺だって、決算書の数字がなんか他人事みたいな感じがして……これじゃ、他の人と同じように、途中で決算書の勉強をすることを諦めちゃいそうだなぁ」

「だから、それは大丈夫よ。今、加賀ちゃんが決算書を理解しないと、会社は倒産しそうな状況に追い込まれているから、他人事じゃ済まされないわ」

「えっ！　俺の会社、そんなにヤバいの？　確かに、ノンバンクから借りるぐらいだからなぁ。でも、会社を設立してから10年間ずっと黒字だったんだぜ」

「それは、『損益計算書』での話でしょ」

「経営者は、『売上』と『当期純利益』を見てたらいいんじゃないの？」

「それなら、なーんで、加賀ちゃんの会社は潰れそうになってるのよ？」

「……じゃあ、その『貸借対照表』っていうのが分かれば、会社が潰れなくなるってこと？」

『貸借対照表』は現在の会社の財務状況を正確に教えてくれるのよ。これを理解すれば、現状を冷静に判断して、事前に最善の対策を打つことができるの」

「じゃあ、勉強する！　どんなことでも理解するよ！」

加賀がカウンターに身を乗り出して、大声で叫んだ。

「今、本当に決算書のことを『理解したい』って思っているでしょ。その気持ちが大事なのよ。今の加賀ちゃんなら、きっと諦めずについてこられるわよ」

ママがニコリと笑ってそう言うと、加賀の目にうっすらと涙が浮かんだ。

「ありがとう、ママ！」

「分かってくれて嬉しいわ！」

「それと、ママ、俺からも、ひとつだけ言わせてくれよ」

38

第一章　なぜ、「儲かっている」と言われる会社が、倒産するのか？

「何かしら？」
「ママ……顎ヒゲ、ちゃんと剃った方がいいよ。笑顔が気持ち悪いから」
「……」
ママは目の前にあるウイスキーのボトルで、加賀の頭をぶっ叩いてやろうとしたが、ぐっとこらえて、カウンターの上の書類を整理し始めた。

貸借対照表を理解する秘訣は、「比べる」

ママは、加賀の使っていたコースターの裏にサラサラと図を書き始めた。
「さっき『決算書』には3つの重要な書類があるって言ってたけど、今の加賀ちゃんは、『貸借対照表』だけ分かれば十分よ」
「あー、ママー、それでもダメだー」俺。この複雑な図を見るだけで、吐きそうだ」
「あら、さっきは『勉強したい』という気持ちが、みなぎっていたじゃないのよ？」
「そりゃ、そうだけど……簿記とかの知識がまったくないから、不安になってきたんだ」
「それは、心配しなくていいわよ。貸借対照表を理解するのに、簿記の知識なんていらないから。たった4文字のことができれば、大丈夫なのよ」
「それだけでいいのか？ じゃ、ママ、早くその4文字を教えて！」

「いいわよ。よーく聞いてね。『く・ら・べ・る』、たったこれだけよ。今から、『貸借対照表』の図を使って詳しく説明するわね」

そう言って、ママはニコリと加賀に笑ってみせた。しかし、その笑顔がよほど気持ち悪かったのか、結局、加賀は床に食べたものを吐き出してしまった。ママは仕方なく加賀の背中をさすりながら、話を続けた。

「加賀ちゃん、10年前に会社を立ち上げた時のこと、覚えてる?」

「オエッ、そりゃ覚えてるよ。俺は芸能界で稼いでいたから1500万円を出して、陣内はサラリーマンだったから貯金があまりなくて500万円を出したんだ。それを会社の資本金にして、さらに日本政策金融公庫から500万円を借りたんだ。オエー」

「つまり、合計で2500万円のお金が集まったわけね」

ママはコースターの図に数字を書き込み始めた。

「で、そのうち、400万円を1店舗目の保証金として使って、さらに800万円を内装に使ったんだ。あの時は、陣内と外壁を塗ったり、家具を知り合いからもらったり、涙ぐましい節約をしたんだ。あと、初めて洋服の製造を依頼したから、仕入先の業者からふっかけられて、1200万円もかかったんだぜ。今なら半額以下で仕入れられるよ」

「加賀ちゃんの会社は、最初、こんな貸借対照表から始まったはずよ」 図①

ママは、図を書き終わると、加賀に見せた。

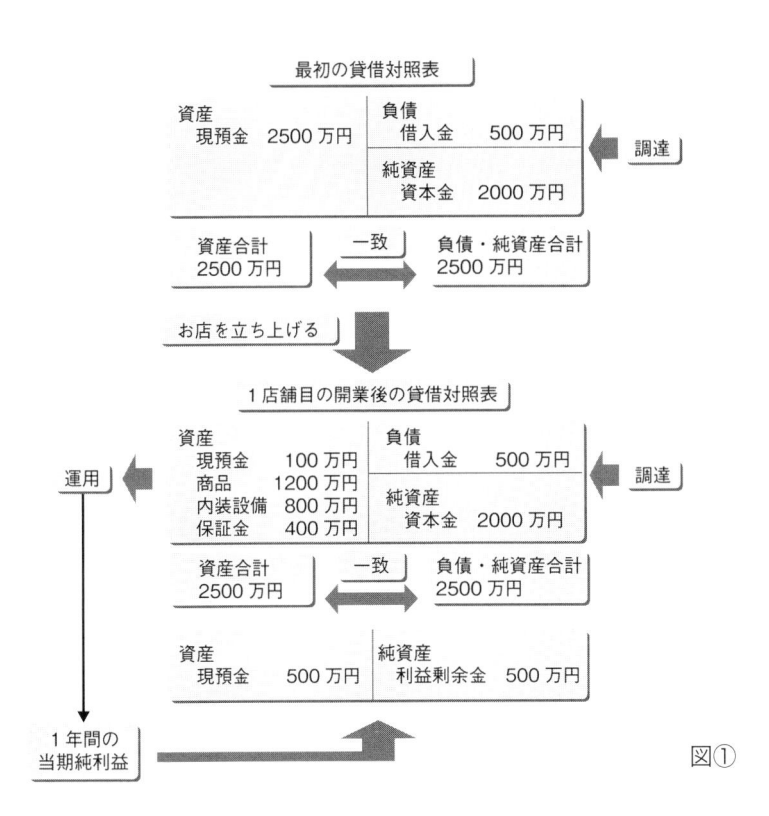

第一章 なぜ、「儲かっている」と言われる会社が、倒産するのか？

最初の貸借対照表

資産
　現預金　2500万円

負債
　借入金　　500万円

純資産
　資本金　2000万円

← 調達

資産合計 2500万円　⇔ 一致 ⇔　負債・純資産合計 2500万円

↓ お店を立ち上げる

1店舗目の開業後の貸借対照表

資産
　現預金　　100万円
　商品　　1200万円
　内装設備　800万円
　保証金　　400万円

負債
　借入金　　500万円

純資産
　資本金　2000万円

← 運用
← 調達

資産合計 2500万円　⇔ 一致 ⇔　負債・純資産合計 2500万円

資産
　現預金　　500万円

純資産
　利益剰余金　500万円

← 1年間の当期純利益

図①

「なんだか分からないけど……貸借対照表って、左側と右側に分かれているんだね」
「そう、左側には『資産』の部、右側には『負債』の部と『純資産』の部があるの。それで、いつでも左側の合計金額と右側の合計金額が一致することになるのよ」
「へー、絶対に、いつも一致するの？」
「そう、絶対に、いつも一致するのよ。それで、この貸借対照表は左側じゃなく、右側から読むのよ」

「えっ、右側から?」

加賀のおろおろしながらも図を見ていることを確かめて、ママは解説を続けた。

「どんな会社でも、右側にある『借入金』という負債と、資本金という『純資産』で、お金を調達することから始まるのよ。そして、そのお金は、左側の『資産』に、現預金2500万円として計上される」

「分かったぞ! 会社を立ち上げるときに、俺と陣内の二人が持っていた2000万円のための『資産』として使うわけだから、一致してなきゃダメってことなんだ」

「純資産」と、日本政策金融公庫から借りた500万円の『借入金』は、事業を運営する

加賀は興味を持ったのか、カウンターに乗り出して話を聞き始めた。

「その通りよ。自分で貯めていたお金と、借りてきたお金の合計が2500万円しかないのに、会社で使えるお金が3000万円ありましたじゃあ、オカシイでしょ?」

「そんなの分かってるよ。小学生が作るお小遣い帳でも間違わないよ」

その小学生でも分かるようなお小遣い帳が理解できていないのがお前なんだよ、とママは張り手を食らわしたい気持ちだったが、ぐっとこらえて話を続けた。

「そのお金で、店舗の保証金、内装設備、商品という、『資産』を買ったんでしょ?」

「うん、残ったのは100万円だけ。陣内と『マンションを買うお金があったのに、あっという間に軽自動車しか買えないお金になったな』って笑って話したのを覚えているよ」

第一章　なぜ、「儲かっている」と言われる会社が、倒産するのか？

「それで、図を見てよ。その余った１００万円は『現預金』として残っているでしょ。ここ図①でも、左側の合計金額と右側の合計金額が一致しているわ」
「ほんとだ。同じだ！」
「はい、じゃあ、ここで質問。１年目の当期純利益はいくらだったの？」
「その年の利益のことだったら、よーく覚えてるよ。確か５００万円の黒字だったんだ」
「１年目から５００万円の利益が出るなんて、すごいじゃない」
「俺がアパレルの店を出したってマスコミが騒いでくれたし、お店が狭くて商品や人件費のムダがなかったのが、よかったんだと思うね」
「そしたら、その５００万円の利益は、右側にある『純資産』の部の『利益剰余金』っていう項目に入れられるのよ」
「右側に入るってことは、『調達』ってこと？」
ママはコースターの図を、加賀の前に突き出して見せた。
「いい？　最初の右側の『純資産』のお金って、加賀ちゃんとパートナーである陣内さんが、今まで芸能界やサラリーマンとして稼いで貯めてきたお金だったでしょ？　じゃあ、この会社でがんばって稼いだ『当期純利益』って何だと思う？」
「そうか……会社を運営して稼いだお金も貯まれば、調達したってことになるんだ。それじゃ、『純資産』に入れるべきだなぁ」

『儲かる』ってことは、それ自体がお金を調達したのと同じことなのよ。そして、そのお金が左側の『資産』の部の現預金になって、次の年に新しくお店を出したり、商品を仕入れたりすることに使われて、さらに新しい『当期純利益』を稼ぐことができるようになる。このお金の循環を表わしているのが、『貸借対照表』なのよ」
「ここでも『純資産』の右側の金額と『資産』の左側の金額が一致するってことか」
ここで、ママは加賀に熱いお茶を入れて、「ふーっ」と大きなため息をついた。一方の加賀は眉間にシワを寄せて、じっとコースターに書かれた文字を見つめていた。
「ママ、質問していい？ この『純資産』には、毎年、『当期純利益』が足されていくの？」
「そうよ。もともと、『貸借対照表』と『損益計算書』っていうのは表わす期間が違うのよ。加賀ちゃんが決算書だと思い込んでいた『損益計算書』は、1年間の『売上』や『当期純利益』を計算するだけなの。だから、1年の最初はゼロからスタートするのよ」
「なるほど、つまり、1年で終わり、1年で終わり、の繰り返しなんだ」
「それに対して、『貸借対照表』っていうのは、会社を設立してから倒産するまで、ずーっと『資産』、『負債』、『純資産』が増えたり、減ったりするのが、積み重なっていくのよ」
「なんか、木の年輪みたいなもんなんだね」

第一章　なぜ、「儲かっている」と言われる会社が、倒産するのか？

「確かに、『貸借対照表』を見れば、会社の今までの歴史を知ることができるわ」
「だから、1年間しか表わさない『損益計算書』の『当期純利益』が赤字でも、『貸借対照表』には、今まで貯めてきた『純資産』とそれに対応する『資産』があるから、すぐに会社が倒産しないんだ」
「そうよ！　すごい分かってきたじゃない！」
「ん？　でもそうなると、うちの会社は設立してから赤字になったことがないから、『純資産』は増え続けてきたはずだなぁ。つまり、お金がどんどん調達できているってことになる。やっぱり、『当期純利益』の3000万円は、誰かに盗まれたって考えるのが自然じゃないかな」
「まだ結論は早いわ」
ママはそう言うと、加賀の会社の『貸借対照表』を探し出してカウンターに広げた。

会計は「発生主義」で考えるべし

ママは加賀の湯のみに新しいお茶を継ぎ足しながら、話を続けた。
「はい、これが今の加賀ちゃんの『貸借対照表』よ」
「うわぁ……なんだか数字がでかくなってるね……項目も増えているし」
「そりゃそうよ、10年間で稼いだ会社の『当期純利益』が『純資産』に載っているんだから

現在の貸借対照表

流動資産		流動負債	
現預金	4千万円	買掛金	1億5千万円
売掛金	9千万円	未払金	5千万円
商品	1億3千万円	短期借入金	1億円
固定資産		固定負債	
内装設備	1億2千万円	長期借入金	1億円
保証金	1億円	純資産	
長期貸付金	2千万円	資本金	2千万円
		利益剰余金	8千万円

資産合計 5億円 ←一致→ 負債・純資産合計 5億円

図②

ね。まぁ、『貸借対照表』は、さっき加賀ちゃんの言ったとおり、木の年輪みたいなものよ。年を重ねるごとに幹は太くなって、枝も増えるでしょ」

「まず、ママ、俺はこの数字の何を見ていけばいいの?」

「で、コースターの裏に書いた、さっきの『貸借対照表』と、現在の『貸借対照表』を見て、違いは何か分かる?」

「違いって……コースターか、それともA4の用紙かって違い?」

「……そうじゃなくて!」

「あっ、分かった! 数字が違う!」

「お前はおバカタレントか?」

ママは喉元まで「お前はおバカタレントか?」って言いそうになったが、そもそもがタレントであることを思い出して、分かりやすいヒントを出してあげることにした。

第一章　なぜ、「儲かっている」と言われる会社が、倒産するのか？

「いい？　何か項目に書かれている言葉で違うところがなーい？」
「項目って……あっ、なんか『固定』とか『流動』とかっていう言葉が書かれている！」
「実は、コースターの『貸借対照表』は、分かりやすく説明するために簡易的なものにしたの。現在の『貸借対照表』では、資産を『流動資産』と『固定資産』に、負債を『流動負債』と『固定負債』に分けているのよ」
「えっ？　何？　その固定とか流動とかって言葉は？」
「まず、『流動資産』っていうのは、基本的には1年以内に現金化できる資産のことを言うの。加賀ちゃんの会社はアパレルだったわよね？　新作の洋服や売れ残ったバッグなんかは、1年以内に販促セールを仕掛けるから、必ず現金化することができるわよね？」
「うん、新作の洋服は発売日から2ヶ月で8割は売れてしまうし、残りの2割も年二回のアウトレットセールに出せば完売するから、1年以内には在庫は捌けちゃうね」
「そんなふうにお金にすぐ変えられる資産のことを、『流動資産』って言うの」
「でも、ママ、アパレルの中でも、1年以内に現金化しないと、どうなっちゃうのかな？」
「の年に売る場合もあるよ。1年以内に現金化できない定番商品は、セールで安売りしないで、次の年に売る場合もあるよ。1年以内に現金化しないと、下着のような定番商品は、どうなっちゃうのかな？」
「正常な営業の中で発生しているものは、1年以内に現金化できなくても『流動資産』に入れておくのよ。だって、いくら定番商品といっても、会社にお金がなくなって、『早く現金が欲しい！』と思ったら、加賀ちゃん、安売りでもいいから売っちゃうでしょ？」

47

「うん、売っちゃう。3割引でもいいから売っちゃう」
「他には、お客さんがキャッシュカードで支払ったら、2ヶ月ぐらい後にそのカード会社からお金が入金されるわよね？　そういうのも、やっぱり『1年以内に現金化される』から、『流動資産』の中の『売掛金』として計上されるのよ」
「じゃあ、この下の『固定資産』っていうのは何？」
「その通り。借りている店舗の内装設備や保証金は、1年以内に現金化しないし、もともとできないわよね？」
「そりゃそうだよ。保証金は店舗を閉める時に返してもらうものだし、内装設備だってお客さんに販売できるものじゃない。お店の壁紙とかレジとか『売って下さい！』なんて言う人はいないもん。まあ、俺の昔の熱烈なファンだったら、ありえるかもしれないけどね」
　加賀のそんなくだらない冗談は軽く聞き流して、ママは話を続けた。
「これで、資産には2種類あることは理解できたわよね。で、次は負債だけど、1年以内に返済するのが『流動負債』で、1年を超えて返済するのが『固定負債』になるわ」
「あれ？　銀行からの借入金にも、短期と長期があるのか？」
「もーっ、それじゃあ資金繰りに詰まるはずよ。『貸借対照表』を見れば分かるけど、加賀ちゃんの会社、『短期借入金』が1億円、『長期借入金』が1億円になっているわ」
　ママは、テーブルの上から借入金の明細を見つけて、話を続けた。

「それで、『長期借入金』の返済期間は5年間と短いのね。10年ぐらいの返済期間にしてもらえると助かるんだけど」

「でも、銀行との交渉は陣内がやっているからなぁ。それに、もうその条件で借りちゃったんだし。で、借入金のことは分かったけど、『流動負債』の中に『買掛金』って、聞いたことない項目があるんだけど」

加賀が怪訝そうな顔をして質問すると、ママは丁寧に説明を始めた。

「加賀ちゃんの会社は、アパレルの仕入先の業者から商品を受け取る時に、一緒に請求書が同封されていても、すぐには支払わないでしょ？」

「まぁ、現金払いはしないね。銀行振り込みで、だいたい翌月末締めだよ」

「そうすると、支払うまでの期間は、会社がお金を仕入先から借りていることになるのよ」

「ふーん、あんまり借りているって意識はないんだけどなぁ。じゃ、この買掛金の下にある『未払金』っていうのは……支払っていないお金ってこと？」

「明細を見ると、決算日から2ヶ月以内に納めなくてはいけない法人税と消費税、それに1ヶ月分の社員の給料や水道光熱費が『未払金』として計上されているわ。給料って、『月末締めの翌月の10日に支払う』なんて会社が多いでしょ？決算日のときも、その月の給料は、その時点で確定するけど、支払いは10日後になるわ。これも、1年以内に支払うってことで、『流動負債』に入れられるのよ」

「あのさ、この『未払金』って言葉なんだけど、俺、あんまり好きじゃないんだよね」

「はぁ？」

「だって、いかにも『支払ってません』って感じじゃん」

「しょうがないわよ。この決算日の時点では、本当に支払っていないもの」

「社員の給料とか水道光熱費って、実際にお金を相手に支払うときに、決算書に計上されなきゃ筋が通らないよ。社員だって、いつ辞めるか分からないし」

「社員が辞めたとしても、すでに働いた分なんだから、支払わなくちゃいけないでしょ。それに、水道光熱費だって、すでに使った分なのよ」

「うーん、でもなぁ」

「あのね……決算書に数字を計上するときのルールが、ちゃんと決まっていて、それに従わなくてはいけないのよ。加賀ちゃんにとっては良い言葉なのよ」

「ルール？」

「そう、決算書は『発生主義』で作るというルールがあるのよ。支払った時じゃなく、発生した時に経費になるの。そのとき、支払いだけがあとになるものは、『貸借対照表』に、『未払金』として計上されるのよ」

「じゃあ、俺にとって良い言葉っていう意味は？」

「『流動資産』を見てよ」

第一章　なぜ、「儲かっている」と言われる会社が、倒産するのか？

ママはそう言って、左側に書かれた『売掛金』という言葉を指差した。

「レジにお客のカードを通したときに、すぐに『売上』は計上するけど、カード会社からの入金はあとでしょ。加賀ちゃんの会社の『貸借対照表』には、これと同額の『売掛金』を計上していたわよね。そのとき、レジで接客した社員の給料は翌月に支払うんだけど、これを経費にしなかったらどうなると思う？」

「そりゃ、売上だけ上がって経費がないんだから、すごい利益が出ちゃうね」

「そうでしょ。そしたら、その利益に税金がかかるのよ」

「げっ、そうか。じゃ、その社員の給料と同額を『貸借対照表』の『未払金』として計上すれば、お金を支払わなくても経費になる。そうすれば、税金が安くなるのか。いやー、考えてみると、『未払金』って、いい響きだなぁ」

ママは、「こいつやっぱりバカだろ」と思ったが、聞き流して話し続けた。

「いい？　売上は入金した時ではなく、売ることが確定した時に計上する。で、経費はお金を支払った時ではなく、支払うことが確定した時に計上する。これで、確定した利益が、『損益計算書』で計算できるし、『発生主義』の『貸借対照表』も左右のバランスが取れるでしょ」

「それなら、他の会社も『発生主義』のルールに従って、決算書を作ってるのかな？」

「もちろん。すべての会社が同じルールで決算書を作らなくちゃいけないわ。もし違うと、比べることができないし、業種や会社の規模によってルールを変える理由もないわよね。も

「じゃあ、漫才師は?」
「……もっとまともな業種でお願い……」
「それなら、大麻の密輸業者だ! この間、捕まっちゃったけど。海外の空港でね、まず大麻をカプセルに入れて、こうやってパンツの……」
「ちょ、ちょっと加賀ちゃん! まさかアンタも、大麻を吸ってたの?」
「そんな悪いことしていないよ! 捕まったら、会社も人生も終わりだからさ」
「それならいいんだけど……ただ、残念ながら、大麻の密輸業者では、決算書の説明ができないわ……事業の仕組みもよく分からないし」
「だから、今、説明してるじゃん! 大麻をこうやってお尻の穴の……」
「加賀ちゃん!」
「ん?」
「加賀ちゃん、もう『発生主義』で決算書は作られているってことだけを覚えておいてくれれば、それでいいわ。で、さっきの『貸借対照表』を読むための極意『比べる』を実践することにしましょ。それじゃ、今から比べやすいように、太い線を引くわよ」

ママは、あまりの加賀のバカっぷりに少し悲しくなり、話を変えることにした。

し、加賀ちゃんが知っている業種を教えてくれれば、説明してあげるわよ」

ママはそう言うと、『貸借対照表』の中に、3本の太い線を引いた。

52

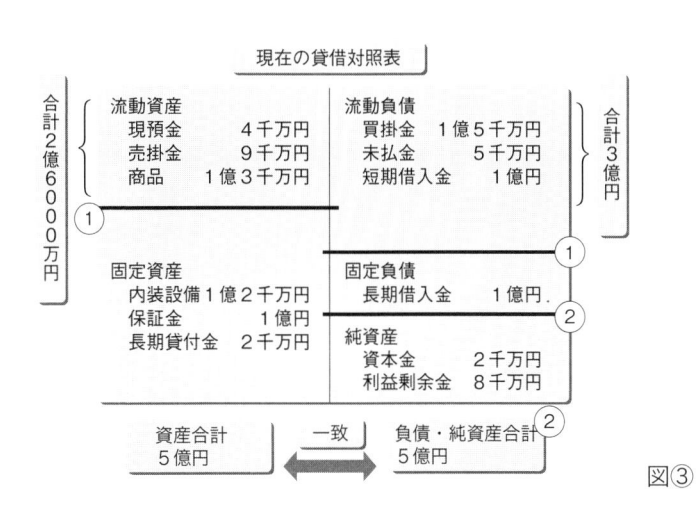

第一章　なぜ、「儲かっている」と言われる会社が、倒産するのか？

```
              現在の貸借対照表

       流動資産              流動負債
        現預金    4千万円      買掛金  1億5千万円
        売掛金    9千万円      未払金    5千万円
        商品   1億3千万円     短期借入金   1億円

       固定資産              固定負債
        内装設備 1億2千万円    長期借入金   1億円
        保証金     1億円
        長期貸付金   2千万円   純資産
                              資本金    2千万円
                              利益剰余金  8千万円

       資産合計   ←一致→    負債・純資産合計
        5億円                  5億円
```

合計2億6000万円
合計3億円

図③

流動資産から流動負債を引くだけでいい

① 流動資産と流動負債を比べる
② 純資産と負債・純資産合計を比べる

「貸借対照表を使ってやるべきことは、この2つだけでいいのよ」

「たった、これだけなら俺にもできそうだな。で、この2つの違いって、何なの？」

「①は会社の短期的な財務状態が健全なのか、②は会社の長期的な財務状態が健全なのかを、チェックするものなの」

「じゃ、ママ、実際にどうなれば健全だって言えるの？」

「まずは、①なんだけど、これは『流動資産』よりも『流動負債』が大きくなっていると、短期的にアウトってことなの。つまり、資金繰りに詰ま

53

「って、倒産するってことよ」

「なんで?」

「だって思い出してみなさいよ。『流動資産』は、1年以内に現金化できる資産で、『流動負債』は、1年以内に支払わなきゃいけないお金のことだったでしょ。1年間で入ってくるお金よりも、出て行くお金の方が多いんだから、資金繰りが詰まるのは明らかでしょ」

「なるほど。じゃあうちの会社はどうなんだろう? えーっと、『流動資産』の合計が2億6000万円で、『流動負債』の合計が3億円だから……全然ダメじゃん!」

「だから、ノンバンクで借りることになったのよ。どう、簡単でしょ」

「うわー。でもさぁ、『流動資産』と『流動負債』の差額が4000万円もあるけど、今回、ノンバンクから借りたのは1000万円だよ。このくらいの借入でよかったのかなぁ?」

「決算日から今日まで稼いでいるお金があるはずだし、『短期借入金』は1年かけて、毎月、少しずつ返済するもんでしょ? だから、いきなり差額分がドーンとのしかかってくるわけじゃないのよ」

「そっかー。じゃあ安心だ」

「安心なんかしてられないわよ! まだ、ここには記載されていないけど、今回のノンバンクからの借入金は、当然のことながら『流動負債』になるわ」

第一章　なぜ、「儲かっている」と言われる会社が、倒産するのか？

「確かに契約では、1年以内で返済することになっていたなぁ」
「だったら、『流動資産≧流動負債』の構図は変わらないでしょ」
「……ちょっと待ってよ、ママ。一番初めに『当期純利益』の黒字が使える『現預金』が増えるって言ってたじゃん。それなのに、なんで『流動資産』がこんなに少なくなっちゃったんだよ！」
「『流動資産』が少ないんじゃなくて、『固定資産』が多いのよ。いい？　ここからが重要な話よ。耳の穴をかっぽじってよく聞いてちょうだい」
「えっ？　耳の穴をカッパ汁？」
「カッパ汁の話なんかしていないわよ！　かっぽじって聞けって言っているのよ！」
ママはヒステリックに叫ぶと、カウンターの上に散らばった書類の中から、内装設備の詳細が載っている固定資産台帳を取り出した。
「ほら、この『固定資産台帳』を見れば、いつ内装設備を買ったのか日付が載っているわ。えーっと、この間オープンした表参道のお店の内装設備だけで3000万円かかっているわね。それと、このお店の保証金として2000万円も支払っているわ。合計で5000万円。このとき、銀行からお金を借りなかったの？」
「あのとき……銀行の担当者から2000万円が融資できる上限だって言われたんだよな。それで、しょうがないから残りの3000万円は会社のお金を使ったんだった……あー

「っ!」

「なによ」

「当期純利益の3000万円は、ここで使ったんだ! そうだ、自分だ! 犯人は俺だ! 分かったぞ! あははぁっ!」

加賀は両手をいっぱいに広げて、お店の中で小躍りし始めた。

「やったよ、ママ! ついにナゾが解けたよ! ママの言うとおり、貸借対照表を見れば、一発で答えが分かるんだね。ありがとう! ママ、一緒に祝杯をあげようよ!」

「うん、でもね、加賀ちゃん、喜びのダンスをしているところ悪いんだけど『流動資産』と『流動負債』の差額の4000万円が、会社に足りない事実は変わってないのよ」

「あっ」

ママのその言葉で、お店の中に気まずい空気が流れた。

固定資産を買っても、一度には経費にならない

加賀は気持ちを落ち着かせるためなのか、ちょっと離れたところにあった灰皿を片手で引き寄せ、細長いパーラメントに火をつけて、煙をゆっくり吐き出した。

「ねぇ、ママ。疑問があるんだけど……表参道のお店をオープンさせたのは、決算日の2ヶ

56

第一章　なぜ、「儲かっている」と言われる会社が、倒産するのか？

月前で、その内装設備や保証金のお金は、もっと前に支払ったんだ。なのに、何で『当期純利益』は3000万円もあったんだろう？　お金はすでに支払っているから、経費になるんじゃない利益』は3000万円もあったんだろう？　お金は使ったんだから、当期純利益はゼロのはずじゃないのかな」

「支払ったものが、何でもかんでも経費になるわけじゃないのよ」

「えっ、さっき『発生主義』で計上するって言ってたじゃん。現金もすでに支払っているし、『固定資産』を買ったという事実は発生しているんだから、経費になるんじゃないの？」

「これらは買ったという事実が発生した時に決算書には計上されるんだけど、『損益計算書』の経費じゃなくて、一旦、『貸借対照表』の『固定資産』に計上されるのよ」

「そう言われれば、『貸借対照表』の『固定資産』に内装設備や保証金が計上されていたな」

「それで、この表参道のお店という『固定資産』を使って売上を上げるんでしょ」

「まぁ、お店があるからこそ、お金を稼ぐことができるのは、確かだなぁ」

「しかも、この表参道のお店の内装設備って、何年間も使うわよね。だから、お店の売上に対応して、内装設備を『減価償却費』という経費で計上していくことになるのよ」

「ママ、ちょっと待った！　今、俺の知らない言葉が出てきた。『減価償却費』って何？」

「そうねぇ。分かりやすく説明すると……うーん、例えば、加賀ちゃんが、このアパレル会

社じゃなくて、大型トラックを使う運送会社を始めたとするわね。で、だいたいでいいんだけど、大型トラックの車両価格って、いくらぐらいだと思う？」
「さぁ……考えたこともないなぁ。たぶん、300万円とか400万円とかするの？」
「ブブーッ、はずれ。実は大型トラックって、新車なら1000万円はするのよ」
「うっへー！ ポルシェと変わらないじゃん！」
「それで、加賀ちゃんが、その大型トラックを1000万円で買うとするじゃない」
「そんなもん買わないよー。俺、そんなお金があったらポルシェを買うよ」
「しつこいわね……例えばの話よ。土砂とか建築材とか、とにかく重いものを運ぶ仕事をするわけよ。それで、加賀ちゃんは、トラックでいろんなものを運ぶんじゃん儲かるでしょ？」
「おおぉ！ 例え話でも儲かるっていうのは嬉しいね」
「ここで問題。1年目の売上が1000万円だとしたら、経費はいくらぐらいだと思う？」
「そりゃあ、ガソリン代とか高速代とかが経費になるけど、何より大きい経費は、やっぱり大型トラックを買った1000万円だね。だから、その売上だと1年目は赤字になるな」
「仮に最初の年に、買った大型トラックの価格1000万円が経費になったとするわ。2年目も、トラックが壊れるわけじゃないから、売上は上がるわね。むしろ1年目よりも道が分かっているから早く運べて、より儲かっている可能性が高い」

58

第一章 なぜ、「儲かっている」と言われる会社が、倒産するのか？

「じゃ、2年目は、すごい利益が出ちゃうな」
「ここからよく考えて欲しいの。儲かっている加賀ちゃんを見て、陣内さんも運送会社を始めようと考えたとするわね。加賀ちゃんは、起業したときに1000万円を持っていたから、大型トラックが買えたけど、陣内さんは500万円しか持っていなかったじゃない。だから、最初に大型トラックは買えない。こんな時は、どうしたらいいと思う？」
「うーん、銀行からお金を借りればいいかな」
「その方法もあるわね。でも発想を変えて、大型トラックを買わないで、レンタルしてもいいでしょ」
「まぁ、レンタルできるんだったら、それでもいいんじゃないかな」
「それで、陣内さんも同じように1年目の売上が1000万円だったとするわ。そのとき、ガソリン代とか高速代とかの経費は同じとしても、大型トラックは買っていないから、車両価格の1000万円は経費にはならずに、レンタル料だけしか経費にならないでしょ。そしたら、1年目から利益が大きくなっちゃう」
「1年目から、陣内にそんなに利益が出るなんて、俺が不利になるってことか」
「逆よ。加賀ちゃんの方が得なのよ。だって、1年目に利益が出なければ、税金を支払わなくてもいいでしょ。陣内さんは、1年目から税金を支払うことになるのよ」
「そうか。でも、俺は今までずっと運転手つきだったからなぁ。陣内の方が運転はうまいか

ら、実際には売上は向こうの方が上がると思うけどなぁ」

加賀はそう言って「はははっ」と笑うと、カウンターにあったママのパーラメントを1本抜き取り、ジッポーライターで火をつけた。

ママは、「だから、それが本質的な問題じゃないだろ」と思ったが、無視して話を続けた。

「同じ運送会社で、使っている大型トラックも売上も同じで、利益が違ったらおかしくない？ しかも、最初にお金を用意できる人、つまりお金持ちは税金を支払わなくてもよいなんて制度に、国民が納得するわけないわよね」

「でも、実際にお金を使って、買っているんだし……」

「お金持ちが税金を支払わなかったら、格差社会はさらに広がるわよ。まぁ、加賀ちゃんは、陣内さんと違って、お金持ちだったから良かったわねぇ」

「ふぅー。そんなこと言われてもな。じゃ、俺の運送会社が買った大型トラックの1000万円の車両価格を分割して経費に計上すれば、公平になるんじゃないの？」

「そう！ 今、加賀ちゃんが言ったことが『減価償却費』の意味なのよ。会社が買った『資産』の種類によって、長期的な売上に貢献するって判断されると、分割して経費にしなくてはいけないの。もし、その年に、その金額をすべて経費にできるとすれば、その年は大赤字になり、それ以降はその『固定資産』を使って売上を上げても、経費がなくて莫大な利益が出ちゃうでしょ？ それでは、正しい利益は計算できないし、税務署だ

第一章　なぜ、「儲かっている」と言われる会社が、倒産するのか？

って税金が取れないことになるわ」

「じゃ、大型トラックだったら、10年ぐらいで分割すればいいのかな？」

「勝手に会社が『何年間使えるぞ！』って決めるんだったら、やっぱり経費を自由に計上することができちゃうじゃない。そしたら、会社同士の決算書を比べることもできないし、公平な税金も計算できないわ。だから、税法で『固定資産』の種類と金額によって、その使える年数、『耐用年数』って言うんだけど、これを決めているのよ。会社は、その期間で、『減価償却費』を計上していくの」

「へーっ、ちなみに、ママはその『減価償却費』の対象となる『固定資産』の、それぞれの『耐用年数』っていうのは頭の中に入っているの？」

「一応ね。例えばパソコンは4年、コピー機は5年。事務机は金属製のものなら15年ね」

「へーっ、それなら金庫は？」

「手提げのものなら5年。その他だったら20年！」

「すっげー！　じゃあ、ママは？」

「へ？」

「ママの耐用年数は？」

「えーっと、私の耐用年数は……永遠の乙女だから、無期限ね」

「……ママ、気持ち悪いよ」

61

お店の中にまた気まずい空気が流れた。

税金を支払わないと借金は返せない

ママがふくれっ面でパーラメントをプカプカとふかしていると、今度は重たい空気を吹き飛ばすように、加賀が明るい声で話し始めた。

「ねぇママ、この『減価償却費』っていうのは、具体的にどうやって計算するの？」

「実は、『減価償却費』の計算方法って、いろいろあるんだけど……同じ金額を単純に償却していく『定額法』と、同じ償却率を掛けていく『定率法』の2つが分かれば十分よ」

そう言うと、ママは定額法と定率法の計算式を書いた。

:::
定額法　固定資産を買った金額×償却率

定率法（固定資産を買った金額－前期末までの償却費の累計額）×償却率×2.5倍

償却率＝ 1 ÷ 耐用年数
:::

「なんか、難しそうだなー」

「大丈夫よ。この計算式に数字を当てはめるだけでいいんだから。この表参道店の内装設備

第一章 なぜ、「儲かっている」と言われる会社が、倒産するのか？

で計算してみましょう。買った金額が3000万円で、耐用年数は10年でいいわよね」

「ちょっと待って！　耐用年数が10年っていくらなんでも長すぎない？　うちの会社はアパレルなんだし、特に表参道店の周りには競合会社が多いから、5年、いや短ければ3年ぐらいで壁なんかの内装設備を変えなきゃ、お客に飽きられちゃうよ」

「確かに簡易的な壁であれば、ちょうど耐用年数が3年になるじゃない。内装設備には、空調設備、電気設備も含まれて、それだけで1000万円以上かかっているじゃない。これらの耐用年数は15年って決まっているし、現実にずーっと使えるでしょ？　他にも接客用の椅子やテーブルは5年、棚とかケースは8年の耐用年数になるわ。それらをぜーんぶ平均して、だいたい10年って言ったのよ」

「そっかぁ、すべての業者と地域で同じ耐用年数を使うんだから、個別の理由なんて考慮されないのは当たり前かぁ。で、実際に計算してみると……定額法だと、1年間で300万円、定率法だと、償却率が2・5倍で、新しい固定資産だから『前期末までの償却費の累計額』がゼロになって……1年間で750万円になるんだ。これだと、減価償却費が大きくて節税できる『定率法』の方を、みんなが選択しちゃうんじゃないのかな？」

「何も決まりがなければ、そうするわよね。でも、税金をとるための政策として、『定額法』しか選択できない『固定資産』を決めているの。代表的なものは、建物よ」

「ふーん、それで、俺の会社の内装設備は、『定率法』でいいのかな？」

「内装設備は定率法を使えるわ。でも1年間ではなく、その固定資産を使った月数で『減価償却費』は計上しなくてはいけないの。それで、表参道店は、決算日から2ヶ月前にオープンしたから、125万円しか経費になっていないことになるわ」

「げっ！ そうなると、3000万円の内装設備を買っても、2875万円が経費としては認められないから、利益として税金の支払いの対象になっちゃうんだ！」

「そういうことね。買うときに、お金は支払っていても経費としては認められなくて、さらに税金まで支払うんだから、お金がないのは当たり前よね」

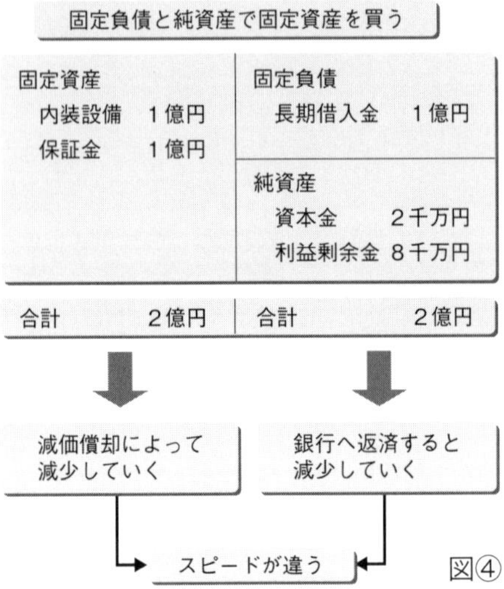

ママがそう言うと、加賀は、ちょっと納得できない顔をして「うーん」と唸った。

「でも、ママ、まだなんか納得できないんだよなぁ。会社は、ずっと黒字だったんだから、今回の『当期純利益』は使っていたとしても、過去の『当期純利益』に相当するお金はあってもおかしくない気がするんだ」

「そうね。でも、そのお金も店舗を出店するために使ったんじゃないの？」

固定負債と純資産で固定資産を買う

固定資産		固定負債	
内装設備	1億円	長期借入金	1億円
保証金	1億円		
		純資産	
		資本金	2千万円
		利益剰余金	8千万円
合計	2億円	合計	2億円

減価償却によって減少していく ← スピードが違う → 銀行へ返済すると減少していく

図④

第一章　なぜ、「儲かっている」と言われる会社が、倒産するのか？

「そうだとしても、そのお店の内装設備は『減価償却費』として、お金を支払わない経費になるんだから、それに当たるお金が貯まるはずじゃん。表参道店以外のお店は飲食店みたいには汚れないから、それほど頻繁に店舗の大改装を行うわけじゃない」

「いいところに気がついたじゃない」

ママはそう言うと、今度は、自分が使っていたコースターの裏に図を書き始めた。

「あれ、さっきの俺の会社の貸借対照表だと、内装設備が1億2000万円だったよ？」

「これは、理解しやすくするための図なの。まずは、説明を聞いてちょうだい」

「分かった」

加賀にしては珍しく、文句も言わず、素直にママの言うことに従ってくれた。

「まずは、私が一番最初に言った『貸借対照表』の基本的なルールって覚えてる？」

「えーっと、発生主義じゃなくて……右側と左側が、いつでも一致するってことかな？」

「そう、ちゃんと覚えてるじゃない。この図でも、右側の『固定負債』と『純資産』を合わせて2億円、左側の『固定資産』も2億円で、一致しているでしょ。で、次の質問をするわね。左側の『固定資産』って、ずっと2億円のままだと思う？」

「さっき、説明してくれた減価償却って方法で、固定資産は規則的に減っていくんだよね」

「そうなのよ。でも、すべての固定資産を減価償却するわけじゃないの。ここに、保証金1

図④

億円ってあるじゃない。これって、店舗を出す時に大家さんに差し入れるもので、マンションを借りる時の敷金と一緒よね。とすると、店舗を閉める時に返還されるから、減価償却しないのよ。契約によっては一部、償却することはあるけどね」

「じゃ、内装設備の1億円だけが、減価償却費になるってことなんだ」

「ここでは分かりやすく、1億円の内装設備が10年の耐用年数として、『定額法』を使うとすると、1年間の減価償却費は1000万円ってことよね。で、3つ目の質問をするわ。右側の合計2億円って、そのままだと思う?」

「ママ、それはないよ。『純資産』は返済の必要がないけど、銀行からの長期借入金の1億円は返済しなくちゃいけないからね」

「それで、加賀ちゃんの会社の『長期借入金』って、5年間での返済だったでしょ。ここでも分かりやすく、5年間で元本を均等に返すとすれば、1年間で2000万円が減っていくことになる。つまり、左側の内装設備1億円は10年間でゼロになるけど、右側の長期借入金1億円は5年間でゼロになるから、減っていくスピードが違ってくるのよ。ここでは、右側が1年間で1000万円も多く減るってことよね。で、最後の質問よ。『貸借対照表』のルールに従って、両方を一致させるためには、どうしたらいいと思う?」

「うーん、固定資産の減価償却費は税法で決められているし、借入金の返済期間も銀行との契約で決まっているから……この図で残っている『純資産』を増やすしかないなぁ」

第一章 なぜ、「儲かっている」と言われる会社が、倒産するのか？

「そうよ。『純資産』の中の『資本金』は増えてないから、『利益剰余金』、つまり『当期純利益』でお金を調達するしかないってことになるわ。ここで、問題が2つ発生するのよね」

「えっ、それで両方の金額が一致すれば、なんの問題もない気がするんだけど？」

「そうかしら？『当期純利益』って、40％の税率の法人税を支払ったあとの利益でしょ。つまり、1つ目の問題は、銀行に2000万円を返済するときに、1000万円は経費にならないから、400万円の税金を支払ったあとの『当期純利益』で調達したお金を使うことになるのよ」

「税金を支払わなければ、借金が返せないってことになるのか。それで、会社が儲かったんだな」

「当期純利益」で買った内装設備が『減価償却費』として経費になっても、それじゃ足りずに、それ以降の『当期純利益』で借入金の元本を返済していたから、会社にはお金がなかったんだ」

「『純資産』で調達したお金が借入金の返済に当てられていたんだから、貯まるはずないわよね」

「ママ、2つ目の問題って？」

「『当期純利益』で、右側と左側の差額のお金が調達できない場合よ」

「それでも、右側と左側を絶対に一致させなきゃいけないなら、銀行からお金を借りてくるしかないなぁ」

「『当期純利益』で銀行に返済するお金が調達できなかったってことでしょ。つまり、利益が足りないってことよね。それでも、銀行は貸してくれるかしら？」
「あーっ、もしかして、銀行からこのお金を借りることができなかったから、俺はノンバンクからお金を借りることになったのかな？」
「そういうことね」
「ママ、ちょっと待ってよ。陣内からは、借金を返済するためじゃなくて、給料や家賃を支払えないから、ノンバンクからお金を借りるって言われたんだ」
「今、私が書いた図は理解しやすいように、両方を一致させて始めたのよ。加賀ちゃんの会社の貸借対照表では、内装設備が1億2000万円あったから、一致していないでしょ。そのはみ出した2000万円の内装設備は、短期借入金を使って買っていたことになるわ。でも、『短期借入金』って、運転資金として使うべきお金なのよ」
「それで足りなくなった運転資金をノンバンクから借りたんだ。でも、それならこの100 0万円に相当する経費はどうなっているんだ？　1年以内に返済するから『流動負債』だよね。『固定負債』よりも、減るスピードも速いから、やっぱり税金が発生するのかな？」
「それは大丈夫よ。だって、加賀ちゃんの会社だったら、お客がカードを使うと、『売掛金』が計上されて、その代金は2ヶ月後に入ってくるじゃない。でも、人件費や家賃は、翌月には支払わなきゃいけない。その1ヶ月間のズレを埋めるお金を『運転資金』って言うの

第一章 なぜ、「儲かっている」と言われる会社が、倒産するのか？

よ。つまり、『短期借入金』の元本を返済する時には、人件費や家賃はすでに経費になっているから利益が出ることもないし、無駄な税金を支払うこともないの」
「そうか。左側の『流動資産』と右側の『流動負債』は、どちらも1年以内に消えるから、減るスピードには差がないってことなのか。じゃあさぁ、じゃあさぁ」
加賀はちょっとイタズラっぽい表情をしながら話し始めた。
「今回は俺のアパレルの小売業というビジネスモデルが、路面の店舗を持ったり、内装設備に投資する必要があったから、『固定資産』が計上されるんだよね。それなら、専門商社やコンサルタント業みたいに、小さな事務所で工場や設備への投資もなく、『固定資産』が必要ないビジネスモデルだったら、『借金を返済するために税金を支払う』なんてことはないんだ」
「そうね。『固定資産』が必要ないビジネスなら、『短期借入金』を利用して、入出金のサイクルさえしっかり管理すれば、黒字なのにお金がないって事態にはならないわね」
「なら、俺もそういう業種を選んでいれば、こんなに苦労することもなかったんだよなぁ」
「そうとも言えないわよ。会社って儲かってくれば、やっぱり大きくしたいって考えるじゃない。事務所を広げたり、支店を出したり、社員が増えればシステムにも投資しなくてはいけないでしょ。結局、利益が出れば、固定資産は増える運命なのよ」
「それで、『固定資産』を増やすという意思決定をするならば、『短期借入金』では返済期間

が短すぎるから、『長期借入金』を銀行に申し込むことになるんだ」

「銀行はね、『固定資産』に投資するために借りにきた会社は、『当期純利益』がないと返済できないことを知っているわ。だから、黒字なのかをチェックするでしょ。それで、みんな銀行からお金を借りるために、せっせと税金を支払っているのよ」

「あっ、俺、聞いたことあるよ！　無理な節税をして自己資金を貯めるよりも、計画的に税金を支払って銀行の借入金を使った方が、早く会社を大きくできるんだって。それって、銀行からお金を借りて、『固定資産』に投資できるっていう意味だったんだ」

「今の時代は、ビジネスを拡大させるスピードが速いことが競争力になるからね。加賀ちゃんだって、自己資金だけで、これほどまでお店の数を増やすことはできなかったでしょ？だから、今まで支払ってきた税金は、儲かるためのコストだったと考えればいいのよ」

借りたお金を何に使っているか、貸借対照表でバレてますけど

加賀は、ちょっとだけ考え込むように黙っていたが、少しして、また話し始めた。

「うちの会社の資金繰りがパンクしたのは、『減価償却費』と銀行への返済の差額が出たのが原因でしょ。それが分かっているなら銀行が耐用年数に合わせて、返済期間を設定すればよかったんじゃないの？　そうすれば、税金を無駄に支払う必要もなくなるんだし」

70

第一章　なぜ、「儲かっている」と言われる会社が、倒産するのか？

「それは無理よ。さっきの『比べる』の②を覚えてる？　長期の財務健全性をチェックするものだったわよね。これは、『自己資本比率＝純資産の金額÷負債・純資産の合計金額』を計算するのよ。ちょっと、加賀ちゃんの会社の『貸借対照表』で計算してみましょうよ」

そう言って、ママは加賀ちゃんの会社の貸借対照表を再び取り出した。

「いい？　今、加賀ちゃんの会社の純資産の金額は1億円でしょ。で、負債と純資産の合計金額が5億円だから……自己資本比率は20％になるわね」

「ふーん、この『20％』っていうのは、平均的な数値なの？」

「理想は50％だけど、まぁ、30％が確保できていればいいと思うわ」

「じゃ、俺の会社は、短期だけじゃなく、長期の財務健全性もダメってことなのか。だから、返済期間が5年間って、ちょっと短く設定されているんだ」

「銀行は自分達の貸し付ける会社が、長期的に安定しているのかを判定するのよ。だって、貸したお金が回収できなくなっても、税務署が補填してくれるわけじゃないでしょ？」

「なるほど。俺の会社は、『負債』が多いから5年以上先は危ないって思われてるんだ。でも、会社を運営するお金の30％も自分で用意しなきゃいけないって銀行も厳しいよなぁ」

「陣内さんと会社を始めた時のことを思い出してみなさいよ。陣内さんは会社員だったから、500万円を出資するのも大変だったでしょ。なんで加賀ちゃんがもっと出してあげなかったの？」

「そりゃ、芸能界で稼いだお金があったから、あと５００万円ぐらいなら出すことはできたよ。でも、リスクがゼロよりも、俺が全部お金を出したら、陣内は他人のお金で事業を始めることになるじゃん。そうでしょ？だったら、銀行だって同じなんじゃないの？自分の会社なのに、他人のお金だけで成功しようって考えるのはおかしいわよ。だから、経営者は『純資産』という自分の貯金を増やさなくてはいけないの」

ママは、加賀が納得した表情になったのを見て、『貸借対照表』を指差して話を続けた。

「実は、表参道店を出すときに、銀行が２０００万円しか貸さなかった理由が他にもあるのよ。さっきの図では、『固定資産』に、内装設備と保証金だけしか書かなかったけど、現実は違ったのよね。『貸借対照表』を、よーく見てよ」

加賀が、じっと『貸借対照表』を見つめているときに、ママは自分のタバコに火をつけた。そして、加賀が顔を上げて、口を開いた。

「もしかして、この『固定資産』の中にある長期貸付金２０００万円のことかな？」

「大当たり！現実は、『固定負債』と『純資産』の合計２億円よりも、『固定資産』は、内装設備の２０００万円と合わせて、４０００万円も多かったってこと。つまり、これが『流動資産』と『流動負債』の差のマイナス４０００万円に当たるんだけどね」

『貸借対照表』は右側と左側で一致しているから、当たり前か。でも待てよ？その貸付

第一章　なぜ、「儲かっている」と言われる会社が、倒産するのか？

金って、誰かに貸してるってことだよね？　社員かな？　陣内かな？　思ってみれば、変だな……まさか……やっぱり誰かが、お金を盗んでいるのか？」
「いい？　貸付金って、将来返してもらうから、減価償却はしない。この2000万円が経費にならないとすれば、40％の税率をかけた800万円の税金を無駄に支払っていることになるのよ。つまり、合計で2800万円のお金が行方不明ってことね」
「ちくしょー！　もし、これを今回の給料と家賃の支払いに当てていれば、俺がノンバンクから借りる必要は、全然なかったじゃんかよ！　くそー、ホントに誰なんだよ！」
ママは「これを見れば分かるわ」と言って、決算書の貸付金の明細が載っている部分を開いた。加賀はカウンターに乗り出して、その文字を声に出して読み始めた。
「えーっと。『加賀竜二に貸付2000万円！』……って俺かい！」
「そう、加賀ちゃんがこのお金を借りたのよ」
「ちょ、ちょっと待ったぁ！　いや、そんなことは絶対にないはずだよ。実際にそんな大金、もらっていないからね。さては陣内のやつが俺に罪をかぶせたのか？」
「少し話が変わるけどさ、加賀ちゃんって、毎月、いくらぐらい飲み代に使っているの？」
「うーん、平均で50万円ぐらいかな？」
「もちろん、自分の給料の中から支払っているんだよね？」
「いやいや、陣内から毎月50万円のお小遣いを給料とは別にもらってるよ。給料は家賃、洋

服、旅行なんかに使っちゃうし、そうそう、メイド代が高いんだよね」
「メイドを雇うなんて、加賀ちゃんって、独り暮らしじゃなかったんだ」
「独りだよ。でもマンションは6LDKで150平方メートルもあるんだ。パーティも開くから掃除が大変だし、アイドル時代は付き人が洗濯してくれたけど、今は誰もやってくれないから」
「ふぅー。話を元に戻すけど、50万円の領収書はすべて会社に提出しているの？」
「いやー、酔ってなくしちゃうこともあるし、女の子とデートして領収書はもらえないしねー。それに、陣内が1年間で400万円しか経費にならないって言うんだけど、それって、ホントなのかな？」
「税金って、売上から経費を差し引いた利益にかかるのは知っているわよね。でも、領収書があれば、すべてが経費になるわけじゃないのよ。事務所の清掃代は経費になるけど、さっきのメイド代は無理でしょ」
「それは、生活費だからねー。そうか、女の子とのデート代じゃなくて、仕入先の業者と飲みに行ったものだけが経費になるってことかぁ」
「それは当たり前でしょ。いい？　資本金が1億円以下の会社は、業者を接待した交際費で領収書があったとしても、400万円までしか経費にならないって、税法で決まっているの。しかも、加賀ちゃん一人じゃなくて、会社全体で400万円までなのよ」

第一章　なぜ、「儲かっている」と言われる会社が、倒産するのか？

「陣内も他の社員も飲みに行かないんだ。でも、1年間で400万円って……ちょっと、少なすぎるよ」

ママは「1人だったら400万円は少なくないわよ。それで、1年間で600万円の飲み代から400万円を差し引くと200万円。会社を始めて10年なんでしょ？200万円の10倍は2000万円。この貸付金の金額とドンピシャね」

加賀はその数字を聞いて、「あちゃーっ」と言って、自分の額をペシッと叩いた。

「なーんだ、そういうことだったんだ！」

「『なーんだ』じゃないでしょ。だから、銀行は2000万円しか貸してくれなかったのよ」

「銀行って、そんなお金の使い道まで監視してるの？」

「じゃ、加賀ちゃんは、友達にお金を貸すときに、『何に使うの』って聞かないの？　もし、値上がりしそうな株を買うから貸してくれって言われたらどうする？」

「株なんてギャンブルと同じでしょ。人にお金を借りてまで、やるもんじゃないなぁ」

「それが普通の感覚よね―。で、加賀ちゃんは借りたお金で、女の子と飲みに行ってたんでしょ」

「うう、でも……長期貸付金は『純資産』のお金を使ってるって考えればいいじゃんか」

「銀行はそんな都合よく解釈してくれないわよ。その証拠に返済期間も短いし、金額も足りなかったじゃない。加賀ちゃんがノンバンクから1000万円借りたのは、これもひとつの原因なの！　自業自得だわね。決算書も読めないのに、毎日、飲み歩いていた罰よ」
「ひどいなぁ！　ママ〜。ただ、今からでも、この2000万円を経費にしないとなぁ〜。そうすれば、節税になるから、資金繰りが少しはラクになると思うんだけど」
「そんなの簡単よ。加賀ちゃんの給料を増やして返済すればいいのよ。でも、それに対する所得税は発生するから、今の手取りは減るけどね」
「げーっ。じゃあ、実質的に給料が減っちゃうってこと？　それ以外の方法ってないの？」
「ありません！」
「ゴホ、ゴホ。ママ、すっごい根本的な質問があるんだけど、ゴホ」
「何よ」
ママはそう言うと、加賀の顔にパーラメントの煙を思いっきり吹きかけた。
「俺の会社が、表参道のお店を出す時に、一番よい方法は何だったのかな？」
ママはそれを聞くと、静かな声でゆっくり、加賀が傷つかないように話した。
「会社が『現預金』を貯め込んで『流動資産』を大きくしたとしても、経営が安定するわけじゃないわ。銀行の利息は少ないし、儲かる機会を逃すことも大きな損失だからね。加賀ちゃんの会社は、順調に儲かってきていたから、お店を増やすのは悪いことじゃない。でも、加賀ち

その時点で、表参道にお店を出すのは背伸びしすぎたってこと。もっと、お金に余裕が出てから、出店すればよかったのよ」

増資で純資産を増やせば、本当に一石二鳥なのか

加賀は、カウンターにおいてあったウイスキーを一口飲んだ。

『貸借対照表』のことを理解すればするほど、今回の件の責任はすべて俺にあるような気がしてくるね。明日、陣内には謝らなくちゃな」

今までのことを振り返って元気がなくなった加賀に対して、ママが話しかけた。

「謝ることも大事だけど、『流動資産』と『流動負債』の差がマイナス4000万円という現状をどうすべきか、ノンバンクから借りた1000万円の返済方法も含めて、決めなくてはいけないわ」

「それは問題ないよ。今期は表参道のお店もできたし、陣内に頼んで、次の新作の点数を増やして作ってもらえば、前期より売上も利益も絶対に増えるはずだよ。こう見えても、結構、女子中高生には人気のブランドで雑誌とかにもよく取り上げられるんだよね」

「前期より売上が増えても、表参道店は家賃が高いから、利益は比例しないわよ。それに、新作を開発するためには、追加のお金も必要になるし、自社製造ではなく、OEM製造のア

「それは……その……」

パレル会社なんだから、商品になるまでの時間もかかるでしょ。ノンバンクからお金を借りるというのはギリギリの状態なのよ。ちょっとでも意思決定を間違えたら、加賀ちゃんは絶対に破産するわ。そしたら、スポーツ新聞や芸能ニュースで叩かれるわよ。本当に、その案でいいの？」

3分ぐらいの間だろうか、加賀は天井を見上げて、黙っていた。

「ママ、ちょっと俺の提案を聞いてくれる？」

「新しい案が思い浮かんだの？」

「会社の資金繰りを改善するためには、『純資産』を増やせばいいんだよね？それって『当期純利益』じゃなくても、『資本金』でお金を調達してもいいんでしょ。『資本金』って『借入金』みたいに返す必要がないから単純に使えるお金が増えるし、自己資本比率が高くなれば、銀行からも長期借入金としてお金を調達できるはずだよね。一石二鳥じゃない？」

「そうね。『資本金』を増やすことができれば、一気に解決できるわ」

「自己資本比率で30％以上を目指すとなると……1億円ぐらいあれば、十分なのかな？」

「今すぐは、4000万円あれば十分だけど、今後もお店を増やしたいなら、それぐらいあった方がいいわね。でも、当てはあるの？」

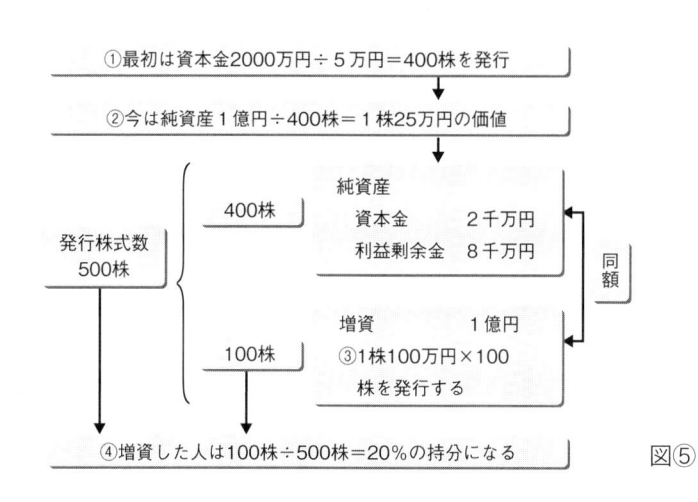

第一章　なぜ、「儲かっている」と言われる会社が、倒産するのか？

```
①最初は資本金2000万円÷5万円＝400株を発行
              ↓
②今は純資産1億円÷400株＝1株25万円の価値
              ↓
                    純資産
          400株      資本金    　2千万円
発行株式数              利益剰余金　8千万円     }同額
500株   {
                    増資      　　1億円
          100株     ③1株100万円×100
                    株を発行する
              ↓
④増資した人は100株÷500株＝20％の持分になる     図⑤
```

「たまに昔のタレント仲間から、お前の会社に出資してもいいって連絡がくるんだ」

「それならなぜ、今回の件で、その人達からお金を借りなかったのよ？」

加賀は一気にウイスキーの残りを飲み干して、少し顔を紅潮させながら話し始めた。

「芸能界を引退して実業で成功している人って少ないんだ。だから、これでも俺、成功者として芸能界の仲間からは尊敬されているんだよ。それなのに、お金を貸して欲しいなんて頼んだら、恥ずかしいだろ。それに周りには、妬んでいる奴もたくさんいるんだ」

「じゃあ、出資なら恥ずかしくないの？」

「経営に参加させてやるから勉強しろっていう名目で、出資してもらうからね。でも、今の『純資産』の合計金額は1億円だろ。ここに1億円を出資させてしまうと、第三者の出資の比率が50％になっちゃ

うってことだよな。それは、ちょっと困るなぁ」
「あら、加賀ちゃん、そこらへんのこと分かっているのね」
「俺だって、ちょっとは勉強したんだよ。会社で重要な事を決めるときには、３分の２以上の株主の賛成が必要になるんだよね」
　加賀は、身体を丸くしてカウンターにうつぶせた。ママは、そんな加賀の肩をポンポンと叩いて耳元で優しく囁いた。
「そのことだったら、大丈夫よ。だって資料を見ると、加賀ちゃんは１株５万円で会社を作っているから、現時点では４００株が発行されていることになるわ。これは、分かる？」図⑤
「うん。それで、会社が儲かって純資産が１億円に増えたから、１株は２５万円に上がったんでしょ。もし、新たに１億円を調達するためには、同じ４００株を発行するんだろ？」
「単純に割り算すればね。でもバカ正直に１株２５万円で株価を設定する必要はないわ。だって、２５万円は過去の利益が積み上がった純資産を元に計算した株価でしょ。今後、もっと加賀ちゃんの会社は儲かる可能性があるじゃない。その将来性を加味すれば、株価を高くしてもいいのよ。例えば、１株１００万円にすれば、１００株で１億円になるの。これなら、加賀ちゃん達の４００株と合わせて、全部で５００株にしかならないでしょ。１億円を出資した人達でも、その持分は２０％ってことになるのよ」
「なーんだ。たったの２０％なら、何の問題もないじゃん。すぐに電話するよ」

第一章　なぜ、「儲かっている」と言われる会社が、倒産するのか？

お金を出す人の気持ち

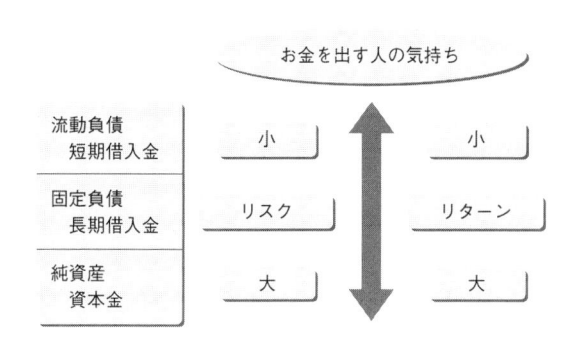

流動負債 短期借入金	小	小
固定負債 長期借入金	リスク	リターン
純資産 資本金	大	大

図⑥

加賀はすぐに携帯電話を取り出して、番号のボタンを押し始めた。

「ちょ、ちょっと、待ってよ、加賀ちゃん！　その出資してくれた見返りはどうするのよ」

「えっ、見返りって？」

ハイリターンでなければ、ハイリスクを覚悟したお金は調達できない

ママは、もうひとつのコースターを持ってきて図を書き、加賀に見せた。 図⑥

「ママ、今度は何の図なの？」

「お金を出してくれる人が考えるリスクとリターンの関係図よ。一番上の『短期借入金』を貸してくれる人達は、1年以内にお金を返してもらうから、リスクが小さいって思うわよね？　だって長い期間に渡ってお金を貸すわけじゃないから、すぐに戻ってくるでしょ」

「貸す期間が短ければ、相手のだいたいの財務状況も予測でき

るしなー」
「それなら、多少、金利が低くてもいいって思うはずよね。つまりローリスク・ローリターンになっているのよ。じゃあ、逆に資本金としてお金を出して、株主になる人達はどう？」
「そりゃあ、株だからいつ元本が返ってくるかは決まっていないし、未公開会社の株なんて売るのも難しいだろうなぁ」
「それだけ、リスクが大きければ、見返りも大きくなきゃ、出資なんてしないでしょ」
「でも、俺がノンバンクから借りたお金は短期間で返すけど、すごい金利が高かったよ」
「いつでも、お金を出す人の気持ちになって考えて欲しいの。銀行から借りられない会社で、しかも今日中に1000万円を貸してくれって頼まれたら、倒産するリスクが高いって思うでしょ？ だから15％の金利を要求しているのよ」
「そっか、ノンバンクが貸す会社は倒産して元本を返せないことが多いんだ。だから、金利を高くしてハイリターンにしているのか……俺の会社もやばいっていうわけじゃないけどね」
「あくまで確率が高いってことで、絶対に倒産するっていうわけじゃないから、もっとリスクが高いわよね」
「じゃあ、元本の返済すら約束されていないから、株主には元本の返済することで、高いリターンを返すってのはどうなの？」
「それはダメね。だって、配当は法人税を支払ったあとの『当期純利益』から出すのよ。でも、そのお金って、銀行へ返済したり、新しく出店するために使うんでしょ？ それを配当

第一章　なぜ、「儲かっている」と言われる会社が、倒産するのか？

に回していたら、増資した意味がないわよ」
「うーん、確かに。じゃ、資本金でお金を調達するためには、どうすればいいの？」
「上場を目指すしかないわ。で、実際に上場できれば、株主は証券市場で株を自由に売れるから、元本が回収できないリスクは小さくなるし、株価だって今の何十倍にも高くなるはずだから、十分なリターンを返せるでしょ」
「上場を目指せば、お金を出す人も納得するってことか」
「問題は、その友達に上場できると説得するだけの魅力が、この会社にあるかってこと。上場できない確率が高いって思うほど、リスクも大きいって感じるのよ」
「それは難しいなぁ……でも芸能人って、そんなリスクとリターンの関係なんて考えてるのかなぁ？　俺も人のことは言えないけど、あいつら世間知らずで過ごしてきたからね」
「じゃ、そもそも芸能人のお友達が加賀ちゃんの会社に出資したいって、何も考えずに言ってるだけじゃないの？」
「でも、あいつらとは長い付き合いだし……」
「いい？　1円でもお金を他人から出してもらうっていうことは大変なことなのよ。だって、『加賀ちゃんに出資したい』なんて、彼らにとっては、きっと社交辞令みたいなものよ。上っ面でウソばっかり。加賀ちゃんも今までウソの話をホントっぽくテレビでみんなそうでしょ？　芸能界ってみんなそうでしょ？」

加賀はそう言われると、黙り込んでしまった。それでもママは続けた。
「未公開会社なら問題ないけれど、上場するなら、『貸借対照表』でクリアしなければいけない『比べる』という課題がもう1つ増えるのよ」
「上場するために必要なことだったら、教えてよ！」
「嫌よ。だって、加賀ちゃん、上場しないでしょ？」
「でも、一応、教えて！ ママ、お願い！」
加賀は両手をカウンターの上に乗せて、頭を下げた。
「加賀ちゃんの会社の場合、当期純利益が3000万円で、資産合計が5億円だったから、6％になるわね」
「するのよ。加賀ちゃんの会社の場合、当期純利益が3000万円で、資産合計が5億円だったから、6％になるわね」
ママはそう言うと、一回咳払いをしてから、落ち着いた口調で話し始めた。
「『当期純利益』と『資産合計』を比べて、『総資産利益率＝当期純利益÷資産合計』を計算するのよ。加賀ちゃんの会社の場合、当期純利益が3000万円で、資産合計が5億円だったから、6％になるわね」
「この『総資産利益率』が低いと、上場できないってことなのかな？」
「そういうことね。まぁ、平均は5％から6％ぐらいよ」
「じゃ、俺の会社は6％だから、大丈夫じゃん！」
「これって、利益率だけの問題じゃないの。加賀ちゃんの会社だって、『総資産利益率』は20％にもなるじゃない。2500万円で始めて、1年目で500万円の利益を稼いだから、

第一章　なぜ、「儲かっている」と言われる会社が、倒産するのか？

でも、それができたのは会社の規模が小さいからなの。もちろん、未公開会社は、それで十分なのよ。だって、無理をしてまで大きな固定資産に投資するリスクをとって、ハイリターンを追求しなくても、誰からも文句を言われないでしょ。それで、倒産するリスクを小さくして、着実に長く会社を続けることができれば、絶対に儲かるもの」

「俺の会社も急いで表参道のようなリスクがある場所に出店するんじゃなくて、資金的な余裕が出てから、ゆっくり出店を考えていれば何の問題もなかったんだよね」

「でも、５００万円の利益じゃ、上場できるはずないわよね？　つまり、上場を目指すなら、利益率だけではなく、利益の金額自体も大きくしなくてはいけないのよ」

「じゃ、上場するのに目指すべき『当期純利益』はいくらなの？」

「証券市場の状況にもよるけど、最低３億円の『当期純利益』が必要って言われたら、今の『当期純利益』が３０００万円だから、１０倍の利益が必要になるわ」

「１０倍かぁ……でも、そんなに非現実的な数字じゃないと思うな。最近では、ひっきりなしに出店の要請がくるから、ブランドの名前も一時期よりも有名になってきたんだ。お店の数は加速度的に増えていくはずだよ」

「うーん、お店の数が増えても、今と同じＯＥＭ製造によるアパレル会社というビジネスモデルだと、これから会社が大きくなっても、利益より固定資産が増えるスピードの方が速いから、『総資産利益率』は最大で６％ってことでしょ？　そうすると、３億円の『当期純利

益』を稼ぐためには、最低50億円もの資産合計が必要になるわ。これに対しても、自己資本比率30％を達成するならば、15億円の『純資産』が必要よね。これは、上場する前に必要な金額なのよ。今の純資産が1億円だから、15倍でしょ。最低でこの金額とすれば、不可能な数字だわ」

「……」

「結局、加賀ちゃんのビジネスモデルには、人を惹きつけるだけの光るものがないのよ。アパレルの小売店で、経営者が少しだけ有名だってこと。陣内に言って、もっとデザイン力を強化するしかないってことかー？」

「光るものねー。」

「そんなことで、他のアパレルの競合会社と差別化なんてできないわ。私が言っているのはビジネスモデルのことなのよ。例えば、あなたにとってのアイドルなんて、あとからいくらでも出てくるわ。それぞれが違う人の名前を言うでしょ。顔がかっこいいだけのアイドルの顔が思い浮かぶ？って聞かれて、誰の顔が思い浮かぶ？それぞれが違う人の名前を言うでしょ。顔がかっこいいだけのアイドルなんて、あとからいくらでも出てくるわ。それぞれが違う人の名前を言うでしょ。だから、その人物も名前もすぐに廃れちゃうのよ。でも、かっこよくなくらい、キャラが立っているタレントは長く生き残ってるじゃない。少しぐらい廃れても、名前はしっかり思い出せるわ。それと同じで、加賀ちゃんのお店の商品のデザインがよいっていうのは、ちょっとかっこいいアイドルでしかないの。アパレルの小売店というビジネスモデルからは抜け出ていないわ。時間が経てば、"デザインがちょっとよかったアパレル"という中にひとまとめにされてしまうのよ。そこには、なんの競

第一章　なぜ、「儲かっている」と言われる会社が、倒産するのか？

争力も、魅力もないわ」

そう言われて、加賀は再び黙ってしまった。

しばらく沈黙が続いたあと、加賀は静かに口を開いた。

「ママ……バカな経営者が上場を目指してはダメという法律なんかないよね？」

「ないわよ。でも、現実問題、とっても難しいってことは理解してちょうだい。いつまで経っても上場できなかったら、今回は赤の他人に出資してもらうんでしょ？　まぁ、ハッキリ言わせてもらうけど、今のビジネスモデルだと、1億円を集めることさえ難しいと思うわ」

オカマのママに乗り移っていた北条も、少しキツイことを言いすぎたと思った。

しかし、ここまでキツイことを言わないと、加賀自身も自分の置かれた立場を冷静に判断できない。

北条は、おとなしく加賀が親戚か、最悪は芸能人の友達から数千万円を借りて、そのお金をノンバンクの返済と当面の資金繰りに当てれば、会社が立ち直るはずだと考えていた。

その方向で話を進めようと次の一手を考えていると、加賀が突然立ち上がって叫んだ。

「……いいアイデアが浮かんだぞ！　これなら、一気に利益を増やせるはずだ」

「え？」

「これで上場できるぞ！　なんか、俺のサクセスストーリーにもぴったりじゃん！」

「ちょ、ちょっと加賀ちゃん、冷静になって!」
「だってママ、上場すれば、もっともっと日本中に俺達のブランドのお店ができるじゃんかよ! しかも、ママ、俺の会社が上場したらかっこいいぜ。たぶん、ゴールデンタイムで特集が組まれるだろうなぁ。俺をバカにしていたプロデューサーなんかも、みんな俺の近くに寄ってくるぞ」
「加賀ちゃん! ちょっと、落ち着いてよ! 上場がどれだけ大変か分かってるの?」
「うぉー! 俺はやるぞー! ママ、ありがとね! あっ、お釣りはいらないよ! いろいろ教えてもらったから、お金はココに置いておくよ!」
加賀はそう言うと、一万円札を何枚かカウンターの上において、お店から飛び出していった。
「おい、ちょっと待てよ!」
ママに乗り移った北条は、思わず男言葉で叫んで、カウンターを飛び越えて追いかけようとした。が、その瞬間、頭上で大きな鐘の音が鳴った。
カランコロン! カランコロン!「はーい! 時間いっぱいでーす!」
天使のKの明るい声がスナックに響き渡ると、北条は身体がスッと何かに吸い上げられるような感覚を覚えた。徐々に手足の感覚がなくなり、自分の意志とは関係なく、ママから自然に自分の魂が離れていくのが分かった。

88

第一章　なぜ、「儲かっている」と言われる会社が、倒産するのか？

本当に、上場を目指すべきだったのか

「お疲れ様でしたぁ！」
　Kはおしぼりを持って、ママのお店の中で立っていた。目の前にはぐったりとしたオカマのママが倒れこんでいて、はだけた短いスカートからは、目も向けたくないティーバックのパンティーが顔をのぞかしている。
「オカマって、すね毛はそらないんですね」
　Kはそう言いながらマジマジとオカマの足を眺めていたが、北条は構わず手に持っているおしぼりを奪い取って顔をひと拭きすると、カウンターの席にドカッと座り込んだ。
「あー、もうダメだ、ダメだ。あんなバカ、初めて見た！　上場なんてできるわけないよ。俺の地獄行きはこれで決定だ」
「まだ分かりませんよ。とりあえず、結果を見てみましょう」
　Kはそう言うと、小型のポータブルテレビをカバンの中から取り出した。
「なんだそれ？」
「これは、未来をのぞくことができるテレビなんです……あれ、ちょっと電波が悪いなぁ」
　そう言って、天使は携帯の電波でも探すかのように、店内をぐるぐると歩き出した。北条

89

も、未来をのぞけるテレビなんて、存在自体が胡散臭いと思ったが、今まで起きている摩訶不思議な出来事を考えると、あながちKの言っていることがウソではないこともだいぶ理解できるようになっていた。
「あー、電波が取れましたよー。では、5年後ぐらいの加賀さんを見てみましょう」
北条とKは、小さなポータブルテレビの画面を、食い入るように見た。
そこには、高級そうな紺色のスーツを身にまとった、今よりもずっと落ち着いた表情の加賀が映っていた。たくさんのカメラや音声マイクに囲まれて、スキャンダルを起こした芸能人のように、もみくちゃにされていた。
「加賀さん、東京証券取引所に上場した感想をひと言お願いします！」
そう尋ねられると、加賀はさわやかな笑顔をカメラに向けて、力強く言い放った。
「私を支援してくれた株主のみなさん、そしてがんばってくれた社員のみんなに、まずはお礼を言いたい。本当にありがとう！」
北条は、その記者会見の様子を見て、ぽかんと口を開けたままになっていた。Kがその光景を見て、北条に言った。
「……本当に上場しちゃったみたいですね」
「そんなバカな！ ありえない！」
さらに記者会見は続いた。

第一章　なぜ、「儲かっている」と言われる会社が、倒産するのか？

「証券市場から集めたお金はどのように使っていく予定ですか？」
「我が社の主力商品であるフェアトレードのブランドをさらに強化していく予定です。今はアフリカの工場で我が社の商品の60％を作っていますが、今後1年間で工場を2つ新たに建設して90％を目指します」

その回答を聞いて、Kがパチンと指を鳴らした。
「フェアトレードって、発展途上国の人達に適正価格で商品を作ってもらって、それを先進国で販売するっていうビジネスですよね。なるほど、このビジネスモデルだったら自社で製造ができて売上原価が相当下がるので、利益率が断然、上がりますね」
「あいつ、やっと他人まかせじゃなく、自分の頭で考えることができたんだな」

北条がそう言ったところで、Kの携帯電話が鳴った。
Kはすぐに携帯電話を取ると「はい、はい」と二、三度うなずいたあと、「分かりました、本人にそのように伝えておきます」と言って電話を切った。
「北条さん、喜んで下さい！　今、天国の未来局から連絡が入って、加賀さんの将来が『幸せ』という認定を受けましたよ。これで一人目クリアです！　おめでとうございます！」

しかし、北条は腑に落ちない顔をして、ずっとテレビに見入っていた。
「彼が幸せになったのは、どう考えても俺のおかげじゃないと思うんだが……」
「そんなことはないですよ。だって、彼には決算書の大切さを教えたじゃないですか。社長

91

である自分の意志で、すべての数字が決定されているんだって気づいただけでも、彼の人生に十分なプラスになったと思いますよ」
「確かに、決算書は勝手に作られるもんじゃなくて、どのようにお金を調達して、それを何に使うかという経営者の意志が反映するものなんだ。つまり、決算書とは読んだり、理解したりするもんじゃなくて、作り出すものなんだよな」
「とにかく、一人目は無事クリアです。次、二人目にいきましょう！」
そう言って、天使が未来テレビのスイッチを切ろうとした時に、加賀の笑顔がアップになって、軽快にインタビューに答える姿が映し出されていた。
「えっ？　経営の勉強ですか？　そりゃたくさんしましたよ。ええ、オカマのママにたくさん教えてもらいました。あのママに出会えなかったら、今の僕はないですね」
それを聞いて、Ｋが「ぷっ」と噴き出した。
「少しは正直になったじゃないか。でも、上場したなら資本金は絶対に１億円を超えているはずだよ。あの時は言わなかったけど、でも、資本金が１億円を超えると、税金を計算するときに、交際費は１円も経費として認められないんだけど、分かっているのかなぁ、こいつ？」
北条はそう言うと、笑ってテレビの画面の加賀の顔を人差し指でピンとはじいた。

第二章

価格競争に陥ったら、会社が必ずやるべきことが一つある

田上隼人は、機動戦士ガンダムの「アムロ・レイ」が着る、地球連邦軍の青い制服を身にまとって、社長室にあるソファに座っていた。目の前には、100インチを越える巨大液晶画面。そこでは、田上がお気に入りの「ガンダムⅡ」の「哀・戦士」が映し出されていた。

「マチルダさーん！」

アムロ・レイが大声で叫ぶと、同時に田上も「マチルダさーん！」と大声で叫んだ。背筋をピンと伸ばして最敬礼をすると、誰もいない社長室で直立不動で立ちつくした。本人は主人公のアムロ・レイになりきっているつもりだったが、突き出たお腹と七三に分けた髪の毛、そして黒縁の太いメガネは、どうみても主人公からはほど遠い風貌だった。

「失礼します」

ノックと同時に、秘書の白鳥が入ってきた。田上は白鳥にはお構いなく、目に涙をいっぱいに浮かべて、ガンダムの映像に見入っている。

「社長……またガンダムですか？」

「いいじゃないか。いやー、やっぱりガンダムはファーストに限るね」

「意味がよく分かりませんが……何回、このDVDを見ているんですか？」

「君みたいな若い女性には分からないかもしれないが、これが今の僕にとって、一番のストレス発散になるんだよ。自社ビルを建てた時に、社長室に巨大液晶テレビを設置することを絶対に譲らなくてよかったぁ」

第二章　価格競争に陥ったら、会社が必ずやるべきことが一つある

「でも社長、私の気持ちも理解して下さいよぉ。自分の会社の代表取締役がですよ、アニメキャラクターの制服を着て、ガンダムの映画を見ながら涙を流していたら、そりゃ秘書として止めたくなりますよ」

白鳥は大きなため息をついて、頭を抱えて話を続けた。

「こんなのが社員に見つかったら、士気に関わりますからね。以後、気をつけて下さいよ」

「フンだ。どうせ、僕は社内で雇われの能無し社長って言われているんだろ！」

「……社長ぉ、またその話ですかぁ」

「今さら、45歳でオタクだっていうのがバレても、社内外の評価は変わらないさ」

「確かに、社内外の評価は変わらないと思います。当社はアニメグッズやフィギュア、DVDを販売している会社ですからね。社長がオタクでも株価に影響はないですけど……株主の中には、こうやって社長室にフィギュアをたくさん持ち込んだり、アニメのキャラクターの服を身にまとったりすることを『変態』だと、とらえる人もいると思いますよ」

「あぁぁー！」

「な、なんですか？　突然！」

「さ、さてはお前、そうやって僕を油断させて、このエヴァンゲリオンの『綾波レイ』のフィギュアを奪い取ろうとしているんだな！」

「そんなもの欲しくありません！」

白鳥は声を荒らげて怒鳴ったが、田上はすぐさま机の上にある綾波レイのフィギュアを両手で抱え込んで、壁際まであとずさりした。

「社長……もういい加減、経営者としての自覚を持って下さいよぉ。いつまでもアニメオタクのまんまじゃ、会社は立ち直りませんよ。今日のうちの会社の株価、見ましたか?」

「……すごい下がり方だよねぇー」

社長は白鳥の方へは向かず、小さな声で綾波レイのフィギュアに話しかけた。

「社長、株価は昨年の5分の1ですよ! ねぇ、聞いています?」

「聞いてるよー」

「しかも、こんな状況で今月末が当社の決算日になるんですよ! 昨年、創業から初めての赤字に転落して、みんなで一丸となってがんばろうと話し合ったのに、社長がなーんにもアイデアを出さないから、1年間だらだらとここまで来ちゃったんじゃないですか!」

「ふーん」

「結局、気がついたら今年の予想赤字はいくらになるんですか?」

「知っているよ。5億円でしょ」

「はい、正解です! 5億円ですよ! この金額がどのくらいのもんか分かりますか?」

「国会議員の麻生太郎さんの持っている個人資産よりもちょっと多いぐらい。で、タイガーウッズが将来、もらえそうな年金の月額より、ちょっと少ないぐらい」

第二章　価格競争に陥ったら、会社が必ずやるべきことが一つある

「……はい、社長。我が社は、そのタイガーウッズの年金の月額よりも、ちょっと少ない赤字を抱えているんですけれども、このまま無策で3ヶ月後の株主総会に突入すると、株主からキツイ質問がガンガン飛んで紛糾しちゃいますよ。何か打開策を考えて下さいよ！」

「あー、そんなにいっぺんに、ごちゃごちゃ言うなぁー！」

田上は頭をかきむしって騒ぎ出した。

「僕はそもそも社長なんてやりたくなかったんだよ。ずっと開発担当者として、アニメキャラクターのフィギュアを作っていたかったんだ。でも、創業者の息子が重病を抱えていて、アメリカで手術するって、勝手に海外に行っちゃって、もう4年も帰ってこないんだよ。ちょっとの間だけって条件で、社長を引き受けたのに……」

「グチを言っても、現状は変わらないですよ。創業からの役員は社長しかいないんです。一番、会社のビジネスのことを知ってるはずじゃないですか」

「知ってるのは、今まで開発されてきたアニメグッズとフィギュアの履歴だけだよ」

「社長！　そんなこと言ってるから、最近は銀行にもいい顔されてないんですよ！」

「銀行なんて、3年前にこの自社ビルを建てる時にはニコニコしてお金を貸したくせに、ちょっと赤字になったら手のひらを返しやがって。もう、完全に無視してやる！」

「ワガママは通用しません！　さぁ、立ち上がって」

白鳥はそう言うと、田上の腕を掴んで立ち上がらせようと力を入れた。

97

「あっ、やめてくれーっ！　親にも殴られたことがないのに！」
「殴っていませんよ！　何をわけの分からないことを言ってるんですか」
白鳥は構わずズルズルと田上を引きずり、社長室にある机に座らせた。
「ここに、昨年の決算書と今年の予想の決算書、それに明日の役員の定例会議で使う予定の資料を置いておきますからね。よーく見て、明日までに、必ず打開策を考えて下さいね」
「……分かったよ。だけど、白鳥、最後にひとつだけお願いを聞いてくれよ」
「なんですか？」
「クローゼットの中に、『杉山麗子』のフィギュアがあるんだ。彼女がそばにいないと仕事が手につかなくって……悪いけど、麗子のフィギュアを持ってきてくれるかな？」
白鳥は一回大きなため息をついた後、あきれた様子でクローゼットまで行って、『杉山麗子』のフィギュアを持ってきた。セーラー服を着たポニーテールの女の子は、短い赤いスカートと白い靴下を履いて、笑顔でVサインをして立っていた。
「社長、杉山麗子のフィギュアもいいですが、他のキャラクターのことも考えて下さいよ。数年前から競合会社との競争が激しくなって、うちの会社もすべての商品の価格を下げたじゃないですか。今の利益率はすごく小さいんです。それなのに、4年前に大ブームになった『杉山麗子』のあとで、ヒットした自社商品はまったくないんですよ」
「そんなにカリカリしちゃダメだよ〜。お肌に悪いよ。麗子ちゃんを見てみなよ、こんなに

98

「白いもち肌でさぁ」

バーン！

白鳥は何も言わず、社長室の扉を開けて出て行ってしまった。田上は、「ふぅー」と大きなため息をついて、しばらくボーッとしたあと、机にうつぶせになった。

「麗子ちゃ～ん、僕、これからどうしたらいいんだろう？　分かんないよ～」

杉山麗子のフィギュアを触りながら、涙目になった田上は、そのままウトウトしながら、ヨダレを垂らして眠ってしまった。

「ぐぉ～、ぐぉ～」

寝息をたてる田上を、じっと見つめる北条とK。

「で、二人目っていうのは、もしかして、この田上って社長なの？」

「はい。彼の将来を『幸せ』に導いてあげて下さい」

Kはそう言うと、手元にある書類をぺらぺらとめくり始めた。北条は田上のその気色悪い姿を目の前にして、頭を抱え込んだ。

「おいおい、元タレントの経営者の次はオタク経営者かよ。もう少しまともな社長はいないのかね？　それに、この田上って奴と俺との接点はなんなの？　上場している会社はたくさん面倒みてきたけど、アニメ関連の会社は一度もコンサルティングした覚えがないぞ」

「えーっとですね、手元にある資料によりますとですねー。北条さん、コンサルタントとして独立して間もない頃に、池袋にある『ポニーテール』っていうキャバレーで、渚ちゃんって女の子に入れ込んだことがありましたよね？」

北条はぶっきらぼうに答えた。

「また、独立したての頃の話かよ！　よく覚えていないね」

「いや、資料によると、かなり入れ込んでたみたいじゃないですか。お金がないからちょびちょびお酒を飲んで時間を稼いで、渚ちゃんに近づくのに必死だったって書かれていますよ。あげたプレゼントは丸井で買ったネックレスと、駅前で買った花束と……」

「おい！　そこまで言ったらプライバシーの侵害だぞ！」

「プライバシーも何もないですよ。だって、北条さん死んじゃったんでしょ？」

北条は口をへの字に曲げて黙り込んだ。確かに北条の言うとおり、コンサルタントとして独立してから数年経ったあと、「渚」というホステスが働くお店に通い詰めたことがあったが、結局は一度も彼女には相手にされなかった。

「そのキャバレーで入れ込んでいた渚ちゃんって女の子がですね……のちに街角でスカウトされて、少年マンガ誌のグラビアを飾るんです。で、その当時、グラビア誌を見た田上さんが、『この子は可愛い！』と言って、モデルにして作ったのが、大ヒットしたフィギュアの『杉山麗子』なんです」

100

第二章　価格競争に陥ったら、会社が必ずやるべきことが一つある

「……」
「何か、質問でも？」
「おい！　接点はそれだけかい！」
「十分な接点です。田上さんと女性の好みが同じだってことが判明したんですから」
「あんな変態と一緒にするなぁー！」
「あっ、田上さんを変態扱いすると、北条さんも変態になりますよ！　だって、北条さん、この杉山麗子っていうフィギュアを見て、可愛いって思ったでしょ？」
「確かに、Kの言うとおり、この『杉山麗子』というフィギュアをじっくり見ていけば、アニメオタクでも何でもない北条も、惹かれるものがあった。それに、記憶をたどっていけば、ホステスの渚ちゃんと輪郭や目の部分もそっくりである。
「あー、分かったよ、どのみち選択肢はないんだろ？　もう秘書はいないぞ」
「まぁ、仕方がないので、誰に乗り移ればいいんだ？　今から田上に会社をV字回復させる指導をしてくるよ。で、誰に乗り移ればいいんだ？」
「あっ、田上が握り締めているフィギュアにでも乗り移ってもらいますか」
「おい！　ちょっと待て！　いくら人間以外もOKだからといって、人形に乗り移って話し始めるのは、ちょっとおかしいだろ？」
「大丈夫ですよ、田上さん、杉山麗子が話し始めたら、きっと喜ぶに決まっています」

「今は喜ぶとか、喜ばないとかは、関係ないだろう!」
「あっ、北条さん、時間が来ましたよ!」
北条は「どうにでもなれ!」と叫んでから、5・4・3・2……」フィギュアに向かって手を伸ばした。

「損益計算書」は眺めるだけじゃ、何も始まらない

「ちょっとぉ、痛いから離してよぉ」
か細い女の子の声で、田上は目を覚ましました。最初は視界がぼやけていたので、何が起きているのか分からなかったが、斜めにズレていたメガネを直すと、そこには田上の右手の中でもがいている「杉山麗子」のフィギュアの姿があった。
「いいから、手の力を抜いて!」
そう言われて田上が手の力を抜くと、「きゃー」と言って、杉山麗子はコロコロと机の上を転がっていった。
「もーっ、痛ーい! なんで急に手を離すのよ! あんた、バッカじゃないの!」
「す、すみません。でも、その前に、なんで……フィギュアが、しゃべっているの?」
「あんた、バッカじゃないの! 今は夢の中に決まってるじゃない! だから、こうやって私、杉山麗子があなたに会社経営のアドバイスをしに来られてるんじゃないの! そんなこ

第二章　価格競争に陥ったら、会社が必ずやるべきことが一つある

「とも分からないの？　もし嫌なら、私、またフィギュアに戻っちゃってもいいのよ！」
「わー、ごめんなさい、ごめんなさい！」
　杉山麗子のフィギュアに乗り移った北条は、話の設定にかなり無理があるとは思ったが、とりあえず、夢の中と言えば納得してくれると思い、話を強引に進めていった。それに、このキツイ口調、なんとなく親近感があると思ったら、昔、入れ込んでいたホステスの渚ちゃんにそっくりである。
　一方、田上もよほど自分の作った杉山麗子のフィギュアがリアルに動いてくれているのが嬉しかったらしく、社長室のイスの上に正座してまで、話をじっくり聞く姿勢になっていた。加えて、この『ツンデレ』という、ちょっとツンケンした態度でありながら、甘えた声を出してくれる杉山麗子の指導姿勢は、マゾ体質の田上にはたまらなく心地よかった。
「麗子ちゃん、お願いです！　僕を助けて下さい！　今度の株主総会で、利益を黒字にするアイデアを出して、みんなを納得させなきゃダメなんです！　お知恵を貸して下さい！」
「うるさいわね！　物には順序ってもんがあるのよ！　まず、今の会社の仕事の内容と経営状況をざっと教えてくれない？」
「うちの会社はフィギュアを中心としたアニメグッズを販売する、年商30億円ぐらいの上場企業です。上場する前は、アニメやマンガのキャラクターの版権を安く買い取って、それを商品にするビジネスで売上を伸ばしてきました。最初は地味な仕事だったんですけど、人気

がブレイクするキャラクターの見極めが非常にうまくて、次から次へとヒット商品を開発して、トントン拍子で6年前に上場することができてきたんです」

「確かにフィギュアは『原価率＝売上原価÷売上』が低い割には、キャラクターに人気が出れば高い価格で売れるし、それから派生した商品も作りやすいものね」

「そして、上場したことでお金がたくさん集まり、さらに市場を拡大しようと、人気があるキャラクターの版権を高い値段で買い取って、全国にアニメグッズの専門店をオープンしてきたんです」

「で、そのビジネスモデルが大コケした、と」

北条は、ふと昔読んだ経済新聞の記事を思い出した。地方にオタク文化を広げるために、政令指定都市を中心にアニメグッズの専門店を作ろうという計画を立てた会社があった。

「バカなビジネスモデルを展開する会社があるもんだ」と、当時の北条は笑って記事を読んでいたが、まさか自分がその会社にアドバイスするとは思いもしなかった。

「全国に30店ほど展開したんですが、アニメグッズって、少量生産とか一点モノが非常に多いんです。すぐに在庫管理の部分で業務がパンクしちゃって……それで、在庫を一元管理できるシステムを開発したんですが、これがかなり予算をオーバーしてしまって……」

「でも、『杉山麗子』も大ヒットしたんだから、それだけで大赤字にはならないわよね?」

「はい。それから、第二の『杉山麗子』を生み出すために、たくさんのデザイナーを採用し

104

第二章　価格競争に陥ったら、会社が必ずやるべきことが一つある

たんです。コミックマーケットって呼ばれている漫画家も正社員で採用して、商品開発に相当の人件費を使いました。それに、フィギュアは自社で製造できるように工場も借りたんです。でも、なかなか杉山麗子を越えるヒット商品は生まれなくて……」
「ふーん、でも、そんな厳しい状況なのに、よくこんな自社ビルを建てたわよね」
杉山麗子がキツイ口調で言うと、田上は額から汗をにじませながら、話し始めた。
「い、いやぁ、確かに自社ビルはどうかなぁって思ったんです。でもー、そのときは黒字だったし、上場企業なら社長室もそこそこ立派じゃなきゃ、かっこ悪いでしょ……」
「あー、もう何も言わないで！　とにかく経営がズタボロになった理由はよく分かったわ！　それで、会社は赤字みたいだけど、『損益計算書』を分析してみた？」
「損益計算書って、あの売上や経費が書かれた表ですよね？　毎月の役員会議で配られて見ていますよ。さっき、秘書が最新の資料 図⑦ を置いていきました」

予想の損益計算書	
売上高	30億円
売上原価	24億円
売上総利益	6億円
販売費及び一般管理費	8億円
営業利益	▲2億円
営業外収益	0億円
営業外費用	1億円
経常利益	▲3億円
特別利益	0円
特別損失	2億円
税引前当期純利益	▲5億円
法人税等	0円
当期純利益	▲5億円

図⑦

田上は今年の予想の決算書を取り出し、杉山麗子に見せながら話し始めた。
「決算書は秘書に勉強しろって言われて、やっと読めるようになりました。まず、『▲』はマイナスのことなんで、今

105

年の『当期純利益』は5億円の赤字ってことですね」

「『ね』じゃないでしょ。売上が30億円しかないくせに、なんで5億円も赤字なのよ！」

「その理由は『損益計算書』を見ていけば分かるはずです。えーっと、まず、『売上原価』なんですが、これは、工場でフィギュアを製造するための材料費や賃料、フィギュア以外の商品の仕入金額のことで、今年の売上に対応した分だけが計上されています」

「分かっているじゃない」

「で、その『売上原価』を『売上高』から差し引いたものが『売上総利益』になります。これは、『粗利益』とも呼ばれているんです。さらに役員や社員の給料、お店の賃料、宣伝広告費、自社ビルの減価償却費などの、通常の営業で発生する経費の『販売費及び一般管理費』が経費として計上されて、そのお金を『売上総利益』から引いたものが、『営業利益』といって、本業の利益を表わしているんです」

パチパチパチ！　杉山麗子はペンたての上に腰を下ろして、田上の発言に拍手を送った。

「よく勉強しているわね。つまり、『営業利益』ってやつがプラスじゃないと、会社は深刻な事態になっているってわけよ。で、今、アナタの会社はどうなのよ？」

「我が社はこの『営業利益』が昨年まで黒字だったんですが、今年は2億円の赤字になりそうなので、銀行が理由を説明しろって怒ってるんです。この営業利益の赤字は突発的なことなのか、それとも来年からずっと赤字になる恒常的なものなのかを知りたいようです」

「そりゃあ、知りたいわよ。本業が赤字の会社にお金を貸しちゃったんだから、銀行は、お金を返してもらえないんじゃないかって、ハラハラドキドキしているはずだわ」

「あと、『営業外収益』は所有している株からの配当なんかが計上されるはずですが、0円ですね。お付き合いでテレビアニメの制作会社の株を持っているんですが、ここもうちと同じぐらい儲かっていないですからねー。ははは」

「笑っている場合じゃないわよ」

「す、すみません、で、銀行の借入金の利息などは『営業外費用』として計上されるんですけど……その結果、『経常利益＝営業利益＋営業外収益－営業外費用』は、3億円のマイナスってことになります」

それを聞いて、杉山麗子は天を仰ぎながら大きなため息をついた。

「こんなに『ケイツネ』が赤字とはねぇ……」

「えっ？　今、なんて言いました？」

「『ケイツネ』って言ったのよ！　経常利益の『経』をそのまま『ケイ』と読んで、『常』を『ジョウ』ではなく『ツネ』と読んでるの。聞いたことない？」

「あー、あります！　確か、巨人のオーナーだったかな」

「それは『ナベツネ』でしょ。じゃ、『経常利益』の意味は分かってるの？」

「『経常』の意味は『平常』だから……『通常の事業活動で発生する利益』ですよね

「そうよ。だから、『ケイツネ』が赤字だと、通常の事業活動がアウトってことになるでしょ。これを黒字にしないと、株主総会でコテンパンに文句を言われちゃうわよ」

「役員の定例会議でも1年間ずっと『経常利益』を黒字にする方法を考えてきたんですが、いい案がなくて……でも、昨年、いきなり『経常利益』が赤字になったんです」

「そんなの当たり前じゃない。ビジネスの風向きって、突然変わるもんなのよ。景気だって、証券市場だってそうでしょ。で、その理由は分かったの？」

「いや、その理由はまだ分からなくて、それで今年も引き続き赤字なんです。さらに、今年は『特別損失』が2億円も出ちゃって……」

「何をしたの？」

「あまりに赤字がひどい店舗を閉めたんです。そのとき、違約金や取り壊し費用で『特別損失』が2億円も発生しちゃって、それで、『税引前当期純利益』がマイナスになったんです。まあ、法人税はゼロになり、税金は支払わなくてよくなりましたけどね」

「それはぜーんぜん喜ばしいことじゃないわね！それより、あんた、今まで『損益計算書』を読んでないわよ。私、ひと言も頼んでないわよ。それより、あんた、今まで『損益計算書』の読み方を教えてくれなんて、なんか会社の役に立つことを考えて、それを行動に移したことがあるの？」

「いや……ないです。いつも、前年同月比の『売上』、『営業利益』、『経常利益』と比較して、『また下がってるなぁ〜』って考えるぐらいです」

第二章　価格競争に陥ったら、会社が必ずやるべきことが一つある

「あんた、バッカじゃないの？　なんか1個ぐらい策を考えなさいよ！」

「うーん……そ、そうだ！　ひらめきました！　この提案はどうでしょうか？」

『経常利益』は、3億円の赤字なのよ！　それに、いきなりそんなことをしたら、役員のやる気が低下して、もっと売上が下がるのがオチよ。もともと、給料を下げて利益を出そうだなんて発想は、小学生でも考えつくことじゃない。ホント、ダメ経営者ね！」

杉山麗子にそう言われると、田上の目にじわっと涙が溜まってきた。

「うっ、ううっ、みんな、僕のことをそうやってバカにするんですよー。雇われ社長だとか、開発者あがりのオタク経営者だとか陰で言っているんです。どーせ、僕はアイデアもない、人を惹きつける魅力もない、何のとりえもないオタクなんですよ。うぇーん」

田上は突然、大声で泣き始めた。杉山麗子に乗り移った北条は、これを誰かに聞かれて第三者が入ってこられるとまずいと思い、すぐに田上の耳元でやさしい言葉をかけた。

「泣いちゃダメよ。一緒にいいアイデアを考えてあげるからさ、ねっ？」

「ぐへっ、ぐへっ、それで、ホントに会社を黒字に変えることができるのかなぁ？」

「大丈夫よ。だって、あなたが今まで仕事を放り出さなかったのは、なぜ？」

「会社を前の社長と一緒に立ち上げたときに、オタク文化を広げたい、この面白さをみんなに分かってもらいたいっていう目標を持ったんです。それを達成できたと自分が納得できる

まではがんばろうって、心の中で決めているんです」
「そのために、今も努力はしているんです？」
「も、もちろんです！　毎日、漫画、アニメ、映画、DVDで研究しています。恥ずかしいけど、少女マンガもすべて買って読むことで、何かに応用できないかって考えてます！」
杉山麗子は「少女マンガは、お前の趣味だろ」と思ったが、今は励ますことに徹した。
「上場会社であろうと、未公開会社であろうと、やるべきことは小さな努力の積み重ねなのよ。でも、それを分かっている人でも、努力を続けることは難しい。だって、続けるためには、目標や情熱が必要だからね。でも、あなたには、それがあるじゃない」
「うん！　なんだか自信がわいてきたぞ！　よーし、何か新しいアイデアを考えるぞぉ！」
田上はついさっきまでの暗い表情とは別物の、明るい顔になって話していた。

最初の分析はざっくりやって、焦点を絞る

杉山麗子は田上が前向きな気持ちになったことを確認して、話を続けることにした。
「いい？　会社っていうのは儲からなくなると、新しいビジネスで挽回しようとするでしょ？　しかも、競合会社が参入できない儲かる『ウリ』を探してしまうのよ。でも、まず目標にすべきことは今のビジネスの状況を把握して、それを地道に改善することで、『損益計

第二章　価格競争に陥ったら、会社が必ずやるべきことが一つある

算書』の利益を黒字にすることなのよ。それで利益が出てくれば、株価も上がって証券市場からお金を調達できるようになるし、銀行だって、もっとお金を借りて欲しいって言うわよ。そこまで行けば、心にも余裕が出てきてアイデアもわき上がるし、本当の新規ビジネスを立ち上げることもできるわ」

「やっぱり、既存のビジネスが立ち直る方法を一生懸命、検討すべきですよね。それでも、ダメという結論が出てから、新しいビジネスを探しても遅くはないはずですよ。どうせ、いきなり儲かるビジネスモデルなんて、すごいアイデアが必要だから、すぐには思いつかないですしね。それに、僕としても、今の本業には、すごーく愛着がありますから」

「あら、分かってきたじゃないの」

「はい！　で、麗子ちゃん、僕は、まずは何をすればいいのかな？」

「『損益計算書』から簡単なグラフを作って、会社を黒字にできる売上の金額を調べてみましょうよ。紙とペン持ってない？」

「何ですか？　このグラフは？」

　杉山麗子からそう言われると、田上は引き出しの中から紙とボールペンを取り出した。杉山麗子は器用にそのボールペンを全身で掴むと、用紙にグラフを書き始めた。

「会社の状況を客観的に分析するグラフよ。縦軸は『売上・総経費』で、横軸は『売上』とするわ。それで、『総経費』は『変動費』と『固定費』に分けて、書き入れるのよ」

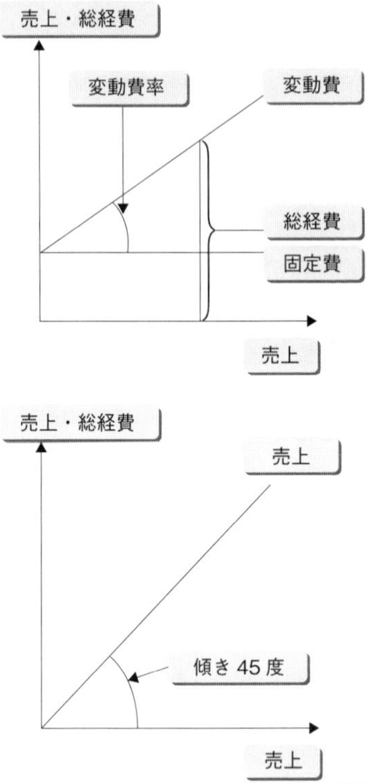

「どう、やるんですか？」

「まず、『固定費』は、売上に関係なく固定で発生する経費だから、横一本線になるわ。次に『変動費』は売上に比例して発生する経費だから、斜めになる。それで、ポイントは、変動費を書くときには固定費の上に乗せて欲しいの。そうすると『固定費＋変動費』の高さで『総経費』を表わすことができるでしょ」

「じゃ、売上に比例するのが『変動費』ってことなら……『損益計算書』でいうと、『売上原価』になるんですかね？ それで、それ以外の経費は、すべて『固定費』って考えちゃっていいですかね？」

「すべての商品を外部から仕入れているなら、『変動費＝売上原価』ってなるけど、あんたの会社って、工場を持っていたわよね」

「ああ、フィギュアの工場ですよね。でもフィギュアって1個ずつ手作りですから、数もそ

図⑧

第二章　価格競争に陥ったら、会社が必ずやるべきことが一つある

れほど多くなりませんし、工場といってもビルのワンフロアーを借りているだけで、外見はオフィスっぽいんです。工場のラインも必要ないし、機械設備もゼロ、そこで働く社員数も少ないんです。あとのフィギュア以外のアニメグッズは、すべて外部に委託して作ってもらっています。そのキャラクターに合ったお菓子、洋服、おもちゃ、実用品など、みんな違うので、自社で製造するのは無理ですからね」

「それでも、工場がある場合には、そこで売上に関係なく発生するものは『固定費』に入れるのよ。簡単に言えば、商品を作るための材料費は、売上に連動するから『変動費』になるけど、それ以外の工場の賃料や人件費は『固定費』にするのよ」

「ちょっと待って下さい。『損益計算書』では、工場で発生するすべての経費が、それぞれのフィギュアの原価に配分されるんでしたよね。それなら、『売上原価』を『変動費』にすれば、いいんじゃないんですかね?」

「それが、ダメなのよ」

そう言って、杉山麗子は表を書き始めた。図⑨

「この表を見てよ。『損益計算書』では、次の年に売上が1・5倍に増えたのに、利益は赤字になっているでしょ。つまり、売上と利益が比例していないってことよ。そこで、下の表のように、工場の『固定費』を商品の『売上原価』に配分せずに毎年計上すれば、売上が増えた『次の年』に、利益も比例して増えることになるでしょ」

今年：工場 1000 個生産　販売 400 個　在庫 600 個
次の年：工場 0 個生産　販売 600 個　在庫 0 個
販売単価 10 円 / 1 個　材料費 1 円 / 1 個　工場の固定費 4000 円

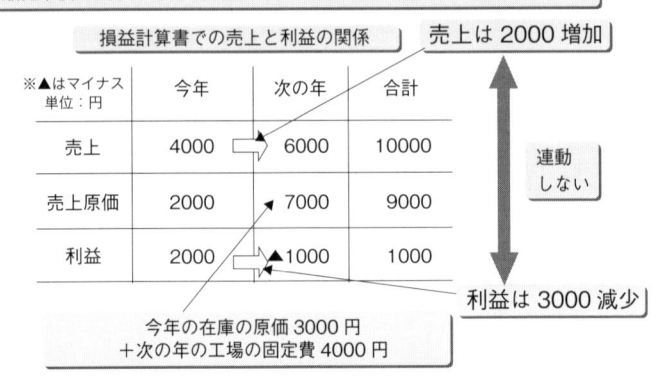

損益計算書での売上と利益の関係

※▲はマイナス 単位：円	今年	次の年	合計
売上	4000	6000	10000
売上原価	2000	7000	9000
利益	2000	▲1000	1000

売上は 2000 増加

連動しない

利益は 3000 減少

今年の在庫の原価 3000 円
＋次の年の工場の固定費 4000 円

工場の変動費と固定費を分けた場合

※▲はマイナス 単位：円	今年	次の年	合計
売上	4000	6000	10000
変動費	400	600	1000
固定費	4000	4000	8000
利益	▲400	1400	1000

売上は 2000 増加

連動する

利益は 1800 増加

図⑨

「えっ？『損益計算書』は、売上と利益が比例しない？この表って正しいのかな」

「『合計』をちゃんと見てよ。上の表と下の表で、フィギュアを売った合計数も、製造した合計数も同じなんだから、利益の合計金額も同じになっているのよ。もし、この

第二章　価格競争に陥ったら、会社が必ずやるべきことが一つある

表が間違っていたら、ズレてくるはずでしょ」

杉山麗子は、「確かになぁ」と感心して表を見ている田上を見ながら話を続けた。

「それで、今は、会社の状況を客観的に分析して、1年間の利益をプラスにできる売上の目標を決めたいのよ。売った商品の数とは関係なく、在庫の数によって、黒字と赤字が変わってしまう『損益計算書』の欠陥は排除したいわ」

「工場があるのに、『損益計算書』の『売上原価』を『変動費』としてみなして、売上の目標を決めていたら、たまたま、去年のフィギュアの売れ行きがよかったという理由だけで、その目標が低くなるってことなんだ。それで、翌年も同じ売上の目標を設定したら大赤字になるんじゃ、しょうがないものね」

「もちろん、外注して仕入れているアニメグッズは、『売上原価＝変動費』になるわよ」

「麗子ちゃん、よく分かりました。じゃ、『販売費及び一般管理費』、『営業外費用』、『特別損失』は、どうなるんですかね？」

『特別損失』は突発的な項目だから、これを入れて分析すると、逆に会社の現状を把握できなくなっちゃうから、無視して。あとは、会社によって、『販売費及び一般管理費』の中で、営業マンの給料、お店の賃料、宣伝広告費の３つが『変動費』になることもあるわ」

「給料が業績に連動するなら、それは『変動費』として考えるってことですか？」

「まぁ、そうなんだけど、営業マンは歩合制だとしても、総務や経理まで歩合制にする会社

115

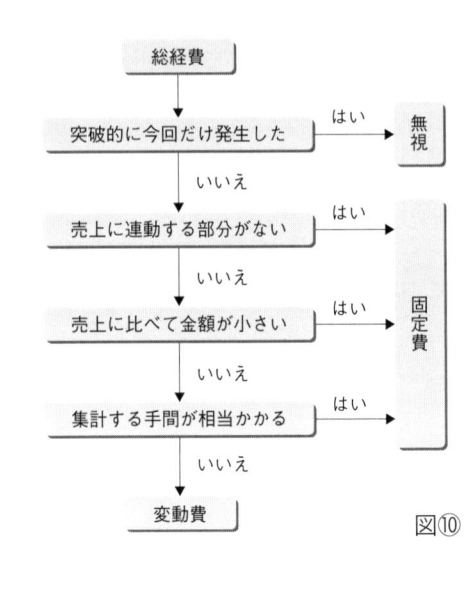

```
総経費
  ↓
突破的に今回だけ発生した ─はい→ 無視
  ↓いいえ
売上に連動する部分がない ─はい→ 固定費
  ↓いいえ
売上に比べて金額が小さい ─はい→ 固定費
  ↓いいえ
集計する手間が相当かかる ─はい→ 固定費
  ↓いいえ
変動費
```

図⑩

「最終的にはね。ただ、何でもそうだけど、いきなり細かく分析しようと考えるべきじゃないわ。資料を揃えるまでに疲れて、分析までたどり着かなかったり、最後の方がいい加減になったりするもんなのよ。まずはざっくり計算して問題を見つけたら、そこに焦点を当てて細かくやればいいわ。今の段階では、売上に比例していても、金額が大きくなければ、固定費にしちゃいましょ」

って存在しないでしょ。それに、賃料もデパートに出店すると、一部は売上に連動するけど、固定賃料の部分が絶対にある。宣伝広告費もインターネットの広告は売上に比例するかもしれないけど、テレビ広告、新聞広告、DMなんかは相乗効果で売上が上がっていることが多いから、どれだけ変動費にすればいいのかハッキリしないわ」

「では、しっかり分析するためには、雇用契約書、賃貸契約書、宣伝広告費と売上の相関関係の統計資料なんかを揃えなくてはいけないんですね」

第二章　価格競争に陥ったら、会社が必ずやるべきことが一つある

「それだと、とっても簡単になりますね。ええっと……僕の会社は、賞与だけは業績に関係するけど、毎月の給料に比べればすごく小さいし、お店の賃料も一定です。宣伝広告費も、雑誌の広告、駅の広告、ラジオ広告が主流で、売上とは関係なく、その枠を半年前から押さえるんです。じゃ、これらはすべて『固定費』ってことになりますね」

「最後に、この図に『売上』を書き加えるんだけど、縦軸も横軸も売上だから、45度の線になるのよ。この売上と総経費が交わった点では、『売上－変動費－固定費＝利益ゼロ』になるから、『損益分岐点』って呼ぶのよ」

「この売上が達成できれば、会社の『経常利益』が黒字になるってことですね」

「とにかく、あんたの会社の『損益分岐点』の売上を、実際に計算してみましょうよ」

杉山麗子は、そう言うと、用紙に数式を書き始めた。

損益分岐点の売上　－　変動費　－　固定費　＝　0

変動費率　＝　変動費　÷　売上

損益分岐点の売上　＝　固定費　÷　（1　－　変動費率）

「あんたの会社の『損益計算書』の『売上原価』の中に含まれている工場の『固定費』って、いくらになるか、分かる?」

田上は、机の上から、それが載っている資料を探し出した。

「えーっと、工場で発生する『固定費』が年間4億円で、そのうち3億円が、『売上原価』になっていますね」

「それなら……変動費率が0・7で、固定費の合計が13億円になるから……損益分岐点の売上は約43億円になるわね」

それを聞いて、田上が突然、大きな声で騒ぎ立てた。

「絶対に！　絶対に！　絶対に無理です……不可能な数字です。僕の会社が、一番よかった時でも、売上が40億円しかありませんでしたから」

「さっきから、なに勘違いしているの？　来年の『経常利益』をプラスにしたいんでしょ。だったら、43億円は、あんたの会社が達成すべき本当の売上じゃないわよ」

「そ、そうなんですか？　ふぅー、よかった。なにかトリックがあるってことなんですね」

「バカ、そんなもんないわよ。いい？　あんたの会社って、毎年、売上が落ちてきているんでしょ。だったら、フィギュアを作っている工場の稼働率も悪くなっているってことよね」

「稼働率ですか？　確かに、工場で作るフィギュアの数は減っています」

「そうすると、工場の設備やそこで働く社員を十分に利用できていないってことになるわ。それで、フィギュアを売ったときの『損益計算書』の1個当たりの原価は高くなるのよ。それで、

つまり、工場の『固定費』は、作ったフィギュアの数で割って分配されるから、フィギュア

118

第二章　価格競争に陥ったら、会社が必ずやるべきことが一つある

「『売上原価』も、自動的に大きくなってしまうわ」
「ということは、会社の売上が下がると、『損益計算書』の利益は比例せずに急降下するってことなんですね。じゃ逆に、売上が上がってくれば、利益も急上昇するんですね」
「あんた、さっき私が書いた表をちゃんと見てた？　今の工場にある在庫には、まだ『固定費』がたっぷり乗ったフィギュアがたくさんあるのよ。だから、その在庫を売り切るまでは、『売上原価』は大きいままなのよ」
「じゃ、僕の会社がＶ字回復で売上を上げたとしても、一気に利益を黒字にすることはできないってことですか？」
「そうよ。『損益分岐点』の売上43億円は、１年間で考えた損益をゼロにできるっていう意味なのよ。もし、来年の『経常利益』をプラスにしたいなら、まだ、足りないってこと」
「……そんなぁ。でもなんで、うちの会社は、こんなことになってしまったんでしょうか？」
「あんたが、３年前までは、創業から、ずっと利益が出ていたんですよ」
田上は少し黙っていたが、ちょっと怪訝そうな顔をして話し始めた。
「いや、やっぱりおかしいですよ。会社の売上が40億円のときには、すごい利益が出ていましたし、売上10億円のときも、20億円のときも、黒字でした。43億円の売上を達成しても、まだ赤字になるなんて信じられません」

119

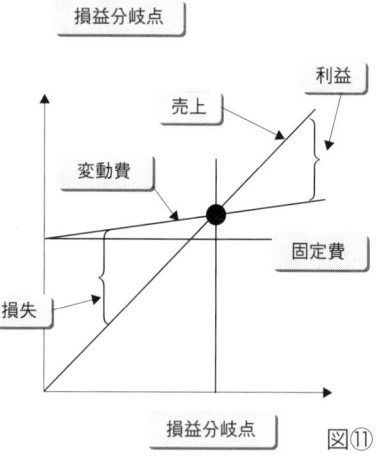

固定費に投資することで、変動費を小さくできる

杉山麗子は、さっきの紙にサラサラと2つの図を並べて書いた。図⑪

「実は、損益分岐点のグラフって、2種類あるのよね。比べてみて、何が違うか分かる？」

「上の図は、斜めに突き出した『変動費』が大きくて、平行線の『固定費』が小さい。それで、『損益分岐点』の売上にすぐに到達できるけど、利益は小さいですね。下の図は、『変動費』が小さくて、『固定費』が大きい。それで、『損益分岐点』の売上までは遠くなるけど、

図⑪

「じゃ、なんでこんな赤字体質の会社になったのか、分析してみましょう。その原因が分かれば、それを改善することで黒字体質の会社に変えることができるはずよ」

第二章　価格競争に陥ったら、会社が必ずやるべきことが一つある

利益は断然多くなる……あっ、そうか！　もう分かっちゃったぞ、麗子ちゃん！　この『固定費』と『変動費』の両方を小さくすれば、『損益分岐点』までの売上も低くなるし、利益も大きくなるって言いたいんだ！　僕の会社がこのビジネスモデルを目指せば、黒字体質の会社になるってことですよね！」

「違うわよ」

「あへ？」

「そんな都合のいいビジネスなんてあるわけないわよ。よく考えてみなさいよ。らら、儲かるビジネスがあったら、あんたならどうする？」

「そりゃ、すぐに参入しますよ！」

「そうしたら、競争が激しくなって、それに勝つために経費をかけるでしょ。だから、そんなビジネスは考えてもムダよ」

「確かに……じゃ、それは諦めて……上の図の方が『損益分岐点』の売上が低いから、僕の会社は、そっちを目指すことになるんですかね」

「ブッブー。それも違うわよ。いい？　『変動費』が大きな会社ってことは、自分達の商品の価格を高く設定できないってことよね。これは理解できる？」

「はい。商品を安い価格で仕入れることができないとも言えますけどね」

「でも、仕入れてきた商品をいくらで売るかは、自分達で決めることでしょ。だから、自分

図⑪

のビジネスモデルに自信がなくて、商品を安くしないと売れないと思い込んでいるってことなのよ。図を見ても分かるとおり、どの売上でも利益が小さくなっているでしょ？それで、お金がないから、固定費も多くは支払えない。小さな事務所で、社員も最少人数にして、宣伝広告費も売上に直結するもの以外は使わない。もちろん、工場なんかも持ってないわ。その代わり、すぐに『損益分岐点』に到達できて、赤字になることは少なくなる。と言うよりも、赤字になったら、すぐに倒産してしまうでしょ？つまり、目指すとかじゃなくて……ビジネスを始めたときに、すべての会社が当てはまる図なのよ」

「すべての会社が当てはまる図かぁ。僕の会社も設立当初はお金がなくて、他社の持っているキャラクターの版権を借りてアニメグッズを作るだけでした。しかも、人気があるキャラクターの版権は高いので、人気が薄くて利益が小さいものばっかり使ってましたよ。少しでも人気があって利益を高くして売ろうという自信はなかったなぁ。宣伝広告費だって失敗が怖いから、コミックマーケットやアニメ雑誌だけに絞っていました。商品の数も少なくて売れ筋の見極めも簡単だったから、絶対に利益は黒字でしたけど、ホントに貧乏でしたよ」

「でも、あんたは、会社を大きくしたわよね」

「このままじゃオタク文化を広げられないと思ったんです。それに自分達が作ったオリジナルキャラクターのフィギュアを売ってみたかったし。個人的には、レアなフィギュアを買うお金も欲しかったので、もっと利益を増やそうと頑張りました」

第二章　価格競争に陥ったら、会社が必ずやるべきことが一つある

「それが普通の行動なのよ。『変動費』が大きな会社は規模が小さいから、大企業が同じビジネスを始めたり、小さな失敗や景気の変動で倒産してしまうでしょ。それに、どんなビジネスでも時間が経つと古くなるから、ドンドン利幅は小さくなってしまうわ」

「じゃ、会社を大きくすれば、儲かるってことなんですか？」

「逆よ。儲かるために、会社を大きくするのよ。だって、儲かるためには、ビジネスのやり方を変えなければいけないでしょ。それなのに、経営者や役員が社員の管理や通帳の記帳みたいな雑用に時間を使っていたら、新しいことを考えられなくなってしまうわ。それで、社員の管理は部長に、雑用は総務に任せるってことになるのよ。もちろん、社員が多くなれば、地位を与えたり、新しい仕事にチャレンジするという夢を与えなくちゃいけなくなる。

これを繰り返すと、組織ができ上がって、会社は必然的に大きくなる。

「毎年、社員の昇給もゼロってわけにはいかないですからね」

「だからこそ、変動費を小さくして、もっと儲かる会社にしなければダメなのよ」

「それで、会社が大きくなって儲かってくると、下の図になるってことですよね。つまり、『変動費』を小さくすると『固定費』が大きくなるってことかね？」

「だから、それは逆なの。会社が大きくなるって『固定費』に投資するってことよ。それによって『変動費』を小さくできるのよ。会社が上場したあと、何をしたか覚えてる？」

「上場してお金がいっぱい入ってきたので、たくさんのデザイナーを雇ったし、自社でフィ

ギュアを製造するための工場を借りたし、営業マンを大量に雇いました。在庫管理のシステムも開発して、お店には店長も必要になって、今では社員数が100人を超えています。それで、自社で作ったキャラクターを売ることで、一気に儲かるはずだったんです。まぁ、店舗の在庫管理システムだけは、今でも高い評価を受けているんですけどねぇ」

「ビジネスでリスクを負わずにリターンが大きくなることは絶対にないから、儲かるために投資が必要になるのは当然よね。工場と店舗の内装設備やシステムへの投資は、固定資産として計上されて、そのあと『減価償却費』として一定の金額が経費になるわ。これは、売上に関係ないから、『固定費』になるでしょ？」

「ええ、工場や店舗を閉鎖しちゃわないかぎり、ずっと『固定費』になりますね」

「それでも、自分達でフィギュアを作れるならば、外注するより『変動費』は下がるし、直営店であれば販売手数料もなくなって宣伝の相乗効果もある。さらに自社のオリジナルのキャラクターが大当たりすれば、利益幅は一気に大きくなるわ」

「実際にそうでした。キャラクターを自社で開発するようになって、利益は増えましたよ」

「でもそのために、会社の働く環境を良くしたり、給料を保証することで優秀なデザイナーを雇うから『固定費』は上がるわよね。これが他社に対しての参入障壁にはなるけど。それに、会社が有名になることで、商品の価格も高く設定できるから、さらに売上に対する変動費が小さくなって、『変動費率＝変動費÷売上』は低くなるのよ」

124

第二章　価格競争に陥ったら、会社が必ずやるべきことが一つある

『変動費』の大きさは、45度の売上線に対する傾きで決まるんですね。うちの会社も『変動費率』を下げることができたので、利益が出やすい体質になったってことですね」

「ただ、いいことばかりじゃないわ。さっきの下の図をよく見なさいよ。『損益分岐点』よりも売上が大きくなれば、『固定費』を回収できているから、『変動費』が小さい分だけ利益は大きくなる。でもね、『損益分岐点』よりも売上が小さくなると、『固定費』がそれに連動して小さくならないから、一気に大赤字に転落するのよ」

「じゃあ、うちの会社は『損益分岐点』に売上が届いていないケースに当てはまるのか？」

田上はゴクリと唾を飲み込んだ。

「しかも、まったく売上に貢献しない、失敗した新しいキャラクターの開発費や意味もなくバカでかい自社ビルの減価償却費も『固定費』になっているから、もう最悪よ」

「……そんなに失敗とか意味がないとか最悪とか、言わないで下さいよぉ。じゃあ、新しいことに投資しなければよかったってことですか？」

「あんた、私の話を聞いてるの？　上場会社なんだから、証券市場から多くのお金を調達してるんでしょ？　株主は資本金としてお金を出しているんだから、ハイリスクなことを覚悟しているわ。だからハイリターンなビジネスを目指しても全然、いいのよ。それどころか、ハイリターンじゃなきゃ、株価は上がらないわ」

「それなら、株主総会でも、今のことを株主に伝えればいいんですね？」

会社は4つの選択肢の中で、どれを選ぶべきなのか

「あんたって、ホントにダメね！『リスクが高いんだから、損しても仕方ないですねぇ』なんて言ったら、株主総会で暴動が起きるわよ。それこそ、あんた、市中引き回しの刑よ。そもそも、こんなに大きなお金を使えるのに、赤字ってどういうことよ。もちろん、投資に失敗することもあるけど、上場会社という信用力もある、人材も未公開会社より集めやすい。で、なんで赤字なのか分かっているの？」

「うーん、それが分からないから、困っているんです。なんで赤字なんですかね？」

「もうっ！ すべての会社が、固定費が大きなビジネスを目指すべきなのは分かったわよね？ でも、その次の段階があるの。それは、固定費に大きく投資して参入障壁を高くしても、やっぱり競合会社って出てくるってことなのよ。特に、上場会社の決算書はインターネットで全世界に公開されるのよ。このビジネスは儲かるって分かったら、やっぱりマネされちゃうわよね。で、そこでの選択が、会社の明暗を分けることになるの」

「なるほど。ここからは、みんなが同じ方法をとらないってことなんだ」

「いい？ この図で考えるんだから、『変動費』、『固定費』のどちらかをいじるしかないでしょ？ だから、方法は4つしかないのよ」

第二章　価格競争に陥ったら、会社が必ずやるべきことが一つある

杉山麗子が4つの選択肢を書くのを、じっと見ていた田上が口を開いた。

「ちょっと、麗子ちゃん、質問があるんですけど」

「なに？　また、つまらないこと聞かないでよ」

「えーっと、『③変動費を下げる』、『④固定費を下げる』ってあるんですけど、両方を同時に下げるっていう選択肢はないんですか？」

「『変動費』も『固定費』も〝小さいビジネス〟っていうのがないように、両方を同時に下げるアイデアは難しいの。フィギュアの材料費を下げて、デザイナーの給料も下げて、商品の品質を保てる？　だから、1つずつ考える方が簡単なの。何か、特別なアイデアがあれば別だけど」

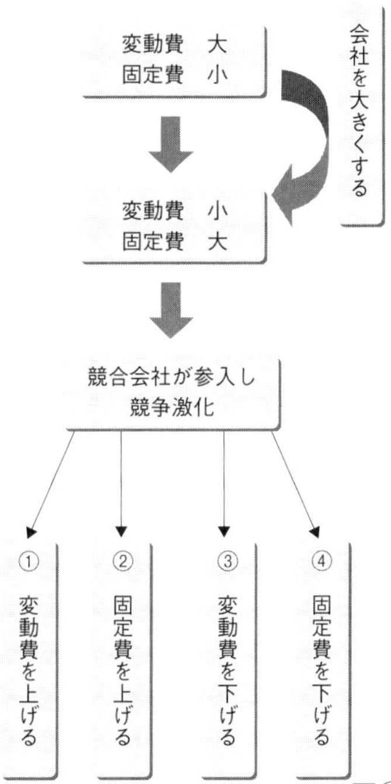

「……いや、ありません」

「ホントにもう！　じゃ、この4つの中で一番、楽でダメな方法って、何か分かる？」

「『①変動費を上げる』かな？　固定費が大きいビジネスで変動費も増えたら、最悪ですし」

「すごい、よく分かってるじゃ

図⑫

変動費　大
固定費　小

↓　会社を大きくする

変動費　小
固定費　大

↓

競合会社が参入し
競争激化

① 変動費を上げる
② 固定費を上げる
③ 変動費を下げる
④ 固定費を下げる

図⑫

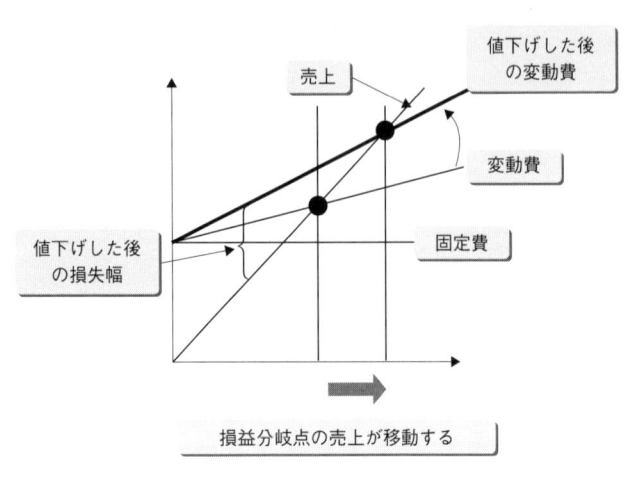

図中ラベル:
- 値下げした後の変動費
- 売上
- 変動費
- 固定費
- 値下げした後の損失幅
- 損益分岐点の売上が移動する

図⑬

ない！『変動費』を上げるとこうなっちゃうんだよね！」

杉山麗子は先ほどの図に太い線を付け加えた。

「『変動費』が上がったことで『損益分岐点』の売上は遠くなるし、そこに届かないと赤字は拡大してしまう。それでいて『損益分岐点』を越えても、利益の金額が小さいわよね。いわゆるハイリスク・ローリターンの最悪なビジネスになっているってわけ」

「ははは、こんなことやる会社はないですよね」

「……よくそんなことが言えるわね。あんたの会社がそれをやっているんじゃないの！」

「えー、いくらなんでも、そんなことはないですよお。宣伝広告費も工場やお店の賃料も人件費もすべて固定費だから、上場してから変動費は上がっていませんよ」

「やっぱり分かってないわよね〜。あんた、すべて

第二章　価格競争に陥ったら、会社が必ずやるべきことが一つある

の商品の価格を下げたでしょう？　値下げすると、『変動費率＝変動費÷売上』が上がって、『変動費』が大きくなるのと同じ結果になるのよ」

「さっき麗子ちゃんが言ってたとおり、僕の会社が上場したことで、価格競争になっちゃって……この業界って、個人で詳しい人も多いし、競合会社が一気に増えたんです。それで、価格競争になっちゃって倉庫も必要ないし、実店舗がなくてもインターネットで売れるので、参入しやすいんですよ」

「価格を下げた人達はみんな同じ言い訳をするのよね。いい？　なんで割引してくれるクーポン券って、あんなに小さくて使いにくくなっているのか知ってる？　世の中には、価格に敏感に反応して安い商品を追い求めるお客と、価格にはあまりこだわらないお客がいるのよ。それで、面倒臭くてもクーポン券を切り取って保存して使うお客だけに商品を値引きしているの。だから、あんたの会社も同じように、値下げするときには、お客をちゃんと選んで行うべきだったのよ。それなのに、すべての商品を値下げしたから、高い価格で買ってくれるお客にも安く売っていることになるでしょ」

「むぐぐ……でも、すべての商品の値段が安くなったことで、今まで興味がなかった人達を取り込めるから、新規顧客は増えるはずです！　それで市場が拡大して、商品を大量に売れば、絶対に利益は出るんです！」

田上は顔を真っ赤にして反論してきた。

「じゃ、聞くけど、会社の売上が落ちてきたのは、価格が競合会社と比べて高いという理由だけだったの？　新しい企画がなくて飽きられたとか、お店の場所が悪いとか、アフターサービスの対応が遅いとか、他の理由もあるんじゃない？　それなのに、値下げだけで対応しても売上は元に戻らないのよ。しかも、損益分岐点の売上はさらに上がっているから、今まで以上に売上を増やさなくてはいけないわ。それに、そんなに新規顧客が増えるなら、さっきの『損益分岐点』の売上43億円も達成できるんじゃないの？」

「それは……」

「結局、すべての商品の値段を下げたことで、ビジネスが破綻してしまったのよ」

「破綻って……いや、絶対に、値段を安くしても挽回できる方法があるはずです！」

「じゃいいわ。挽回できるかどうか、ちょっと検証してみましょうよ」

杉山麗子は長い髪の毛をくるくるといじりながら、澄ました顔をして言った。

粗利益が小さいビジネスは、すでに死んでいる

「あんたの会社って、工場で働く社員を除くと、何人になるの？」

「ぴったり100人ですね。でもなんで、会社全体ではなく、その数字を聞くんですか？」

第二章　価格競争に陥ったら、会社が必ずやるべきことが一つある

「今から、『売上総利益』、つまり『粗利益』を使って考えるのよ。工場の社員の給料って、『売上原価』として計上されているから、『粗利益』の段階で、すでに差し引かれているでしょ。だから、人数も差し引いて考えるのよ。それで、その100人の社員の一人当たりの粗利益はいくらになるのか分かる？」

「えーっと、今年の予想の『損益計算書』では、図⑦
ら、100人で割って600万円ですね。これって、いくらになれば合格なんですか？」

「1500万円が標準の金額で、目指すのは2000万円を稼ぐことよ」

「それは、小売業の目標なんですか？　それとも製造業の目標なんですか？」

「社員一人当たりの粗利益の大きな業界には、儲かるって考えた競合会社がたくさん参入してくるから、結果的には、すべての業種がこの金額に収縮していくのよ」

「じゃ、社員一人当たり年間600万円の粗利益って……相当低いんですね」

だんだん田上の声が小さくなっていった。

「考えてもみなさいよ。社員一人の給料が年間平均500万円として、社会保険料の会社負担分が10％の50万円でしょ？　それに、社員が使う交通費、電話代、文房具、パソコン代、交際費で年間50万円ぐらいは使うでしょ。この時点ですでに600万円になるわ。さらに、お店の賃料と宣伝広告費があるのよ。これって、すべて、固定費でしょ？　つまり、粗利益でこれを負担しきれないかぎり、ずーっとあなたの会社は赤字が続くのよ！」

田上は眉毛を八の字にして、泣きそうな顔になった。

「なんで！　なんで！　なんでこんな一人当たりの粗利益が小さいんですか！」

「ふっ……坊やだからさ」

「……麗子ちゃん！　それはガンダムに登場するギレンの演説をテレビで聞いた、シャア・アズナブルのセリフですよ！」

「ご、ごめん。つい……」

「いえ、麗子ちゃんがガンダムにお詳しいとは！　そのセリフってテレビ版のガンダムでは第十二話で放映されたもので、シャア・アズナブルが地球に左遷されて……」

「……その話は止めて、本題に戻りましょ。えーっと、あんたの会社の一人当たりの粗利益が少ない理由だったわね。それは、まったく売上に貢献せずに遊んでいる社員がたくさんいるのよ。もしかして、あんたの会社、お昼休みが3時間ぐらいあるんじゃないの？」

「そんなことないですよ……暇そうなデザイナーはいるけど、他の社員はお昼を食べる時間がないぐらい働いて、残業時間もすごい長いし、僕の秘書なんて徹夜することもあるんです。お店だって、朝10時から夜11時までの営業だから店長は大変だと思います」

「でも、目標の粗利益2000万円を稼ぐためには、今のままで、さらに3・3倍以上の数量を売る必要があるのよ。売上に換算したら100億円ね。どう、できそう？」

「ひゃ、ひゃくおくって……過労死する社員が出ても無理です」

132

第二章　価格競争に陥ったら、会社が必ずやるべきことが一つある

「ほらー、商品の価格を下げたことで、ビジネスモデルが破綻してしまったのよ。粗利益が小さくなって儲からなくなったビジネスを、みんなで一生懸命やっているのよ」
「麗子ちゃん、ちょっと待って下さい。100億円の売上って、『損益分岐点』の売上43億円に比べて、2倍以上じゃないですか。そこまで、利益を出す必要はないですよ」
「あら、そうかしら？　じゃ、100億円の売上のときの利益を計算してみましょう」
「絶対に、何十億円という利益になるはずです」
「売上が3・3倍なんだから、工場も3・3倍になるって考えるわよ」
「えっ、今の工場はフル稼働してないから、売上に比例して3・3倍も必要ないですよ」
「そうね。あんたの会社の数字を見ると、75％ぐらいの稼働だったわね。でも工場の稼働率を100％にすることも難しいの。だって、受注を断るとすれば、儲かるチャンスを逃してしまうから、100％になる前に次の工場を作るでしょ？　すると、一気に稼働率が平均化されて落ちるはずよ。まぁ、平均で85％から90％の稼働率を目指せばいいんじゃないの。でも、今はそんな議論よりも、高いところから状況を観察して、長期的な見通しを立てること が先決でしょ？　あんた、そんな細かいことばかり気にするから、今まで大局を見逃して全部裏目に出ていたのよ」
「……すみません。気をつけます」
「じゃ、工場の固定費を3・3倍にして、他の固定費を一定にすると、固定費の合計は2

2・2億円になるわね。まぁ、売上がここまで伸びれば、社員の給料も上げるから、他の固定費が一定ってことはないけど、工場を3・3倍にしたからバランスがとれているんじゃない。変動費率は0・7として利益を計算すると……7・8億円の黒字になるわよ」
「あれ？　そんなにビックリするぐらい大きな利益じゃないか？」
「まだよ。これに40％の法人税がかかるのよ。だから、売上が100億円でも、最終的な利益は4億6800万円ってこと」
「……売上が40億円あったときと……ほとんど同じ利益の金額ですね」
「次に、社員一人当たりの粗利益を標準の1500万円に設定して、同じように計算してみると……税引き後の利益は2・1億円になるわ」
「社員100人で、約2億円ですか。上場の直前の利益が2億円ぐらいでしたが、社員は今の半分以下の40人ぐらいでしたよ。これじゃ、ちょっと少ないなー」
「だから、社員一人当たり2000万円って低い目標じゃないけど、場違いな数字でもないのよ。でも、これでよーく分かったわよね。現時点で売上30億円の会社が、同じビジネスモデルで100億の売上なんて絶対に達成できないわよね。つまり、今のままで十分な利益を稼ぐのはそれを聞くと、下を向いて黙ってしまった。
「どうしたの？　ちょっとショックが強すぎたかしら？」

第二章　価格競争に陥ったら、会社が必ずやるべきことが一つある

「実は……僕がずっと温めてきたビジネスモデルがあるんですけど……」
田上は意を決した口調で、静かに話し始めた。
「今、アニメの声優が秋葉原で人気なんです。その声優達をプロデュースしてCDデビューさせるんです。ヒット曲をリリースできれば、相乗効果で他のアニメキャラクターの商品も売れるんじゃないかと。これで一気に挽回するっていうのはどうですかね」
「あんた、すごいビッグアイデアね！」
「ホントですか！」
「お・お・う・そ・よ！」
杉山麗子は、うるうるした大きな目で、田上の顔を睨みつけて話し始めた。
「声優をタレントにしてデビューさせるためには、大々的な広告を打たなくちゃいけないし、芸能プロダクションとパイプをつなげるための時間もかかるでしょ。時間が経つだけで、人件費という固定費は膨れていくのよ。さっきの中で『②固定費を上げる』を選択したら、もっとハイリスクな会社になっちゃうでしょ」
「じゃあ、麗子ちゃんがなんとかして下さいよ！　僕の会社を救う方法はないんですか？」
「あんたは一番、ダメな行動をしたのよ。だから、それを修正して、商品の価格を値上げすれば、変動費の角度が元に戻るし、社員一人当たりの粗利益も増えるわ」

「え？　値上げなんかしたら、新規顧客が減っちゃいますよ」

「さっきからあんた、新規顧客、新規顧客って連呼するけど。どんなビジネスでも、新規顧客を獲得するスピードは競合会社が増えるから、絶対に鈍化していくわ。だから、新規顧客だけじゃなくて、すでにいるお客と長く付き合って、安定的な売上を上げることも重要視すべきなの。例えば、システム開発会社だって、単発で開発を請け負う案件だけじゃなく、保守契約でお客と長く付き合おうとするでしょ？」

「うーん、言われてみたら、そのとおりです」

「あんたみたいに新規顧客ばかりを追いかけていると、お客の満足度が肌で感じられなくなるのよ。だって、一回きりなら、売ったら終わりってことでしょ？　それよりも長く付き合っているお客から取引を断られた方が、『痛い』って感じるじゃない。とにかく、社員の反省、会社の反省につながって、もっとビジネスを改善しようってなるのよ。それが、会社の目的は新規顧客を増やすことではなく、利益を出すことなの」

しばらく沈黙が続いたあと、田上が膝をポンと叩いて立ち上がった。

「分かりました。先にこの市場に参入したのは僕らだし、直営店もあるんだから、これからは、今のお客にアンケートをとって、その強みを活かさないのは、もったいないですよね。その結果を社員に教えて、長り、店舗共通の会員カードを作ってリピート率を計算します。くお客と付き合うように教育していきます」

第二章　価格競争に陥ったら、会社が必ずやるべきことが一つある

「あら、やけに素直じゃない」
「でも、でもですね。一度、下げた価格を、今すぐに上げるわけにはやっぱりいかないと思うんです。値上げしたら、絶対にお客は減って、売上が下がるのは確実ですから」
「利益率が上がるんだから、売上が少しぐらい下がってもいいのよ。だって、あなたの会社は、粗利益率20％でしょ？　例えば、工場がなくて、すべての商品を仕入れているとすれば、1割を値上げするだけで、あなたの会社の粗利益は1・5倍になるのよ」

現在の売価1000円 ｛ 値上げ100円 / 利益200円 / 原価800円
会社の粗利益は1・5倍
新しい売価1100円

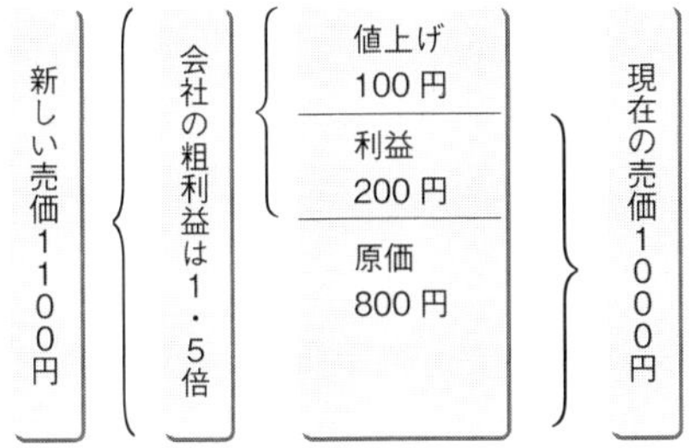

図⑭

「げっ！　お客にとっては、1割の値上げでも、そんなに会社の利益は変わるんだ！」
「実際に、粗利益が3億円も増えれば、『営業利益』は黒字になるでしょ？　もし、価格を2割値上げすれば、粗利益は一気に2倍で6億円も増えるわ。今と同じ商品数を売るだけで、『経常利益』は3億円の黒字になるのよ。ちょっとぐらい売上が下がっても、工場の在庫の固定費を加味しても、『経常利益』はプラスにできるわよ」
「すべての商品の価格を2割値上げしたときの売上って、売上30億円を1・2倍するから……36億円ってことですよね。この売上で黒字になるのかぁ」

『損益分岐点』の売上43億円に比べても、全然、低いでしょ？　それだけ、商品を高く売って、変動費率を小さくするってことは、大切なことなのよ。どう？　値上げって、いいアイデアでしょ？」

田上はちょっと考えたが、すぐに首をすばやく横に振り出した。

「いや、いやいや、やっぱり、ダメです！　実は、昨年、一部の商品の値段を元に戻したんです。そしたら、ネット上で会社が苦しいんじゃないかって、たくさんの人が書き込んで、会社のイメージがすごくダウンしたんです。社長個人への誹謗中傷なんかも多くて……」

「値上げしたときに、ちゃんと工夫もしたの？　例えば、アフターサービスの期間を長くするとか、接客する店員にコスプレさせてみるとか、毎月、商品の並べる場所を変えてみるとか、宣伝のキャッチコピーを変えてみるとか」

「なんか、やったとは思うんですけど、とにかく値上げしたときの風評被害が怖いんです！　他の選択肢もあるんじゃないですか？　ホントにお願いします！　そちらを教えて下さい！」

田上は身体を丸くして土下座をすると、手を前で合わせて何度も頭を床にこすりつけた。

「すべての会社が『変動費』が小さいビジネスを目指さなくてはいけないの。だから、競合会社が増えたときでも、『③変動費を下げる』という選択をしなければいけないのよ」

「商品の価格を上げることは絶対にできないんです！　これだけは譲れません！」

138

「もう、分かったわよ！　もう一度、決算書と会社の資料を見せてちょうだい！」

杉山麗子は、ぴょんと飛び降りると、テクテクと書類の山の方に向かって歩き出した。

余っている固定費を惜しみなく使いまわせ

「うーん、『固定費』が大きすぎて赤字ってことは、それを使いきれていないってことでしょ？　だから、余っている『固定費』を使って、今の変動費率よりも低いビジネスを始めれば、会社全体の『変動費』が下がることになるわ。『固定費』の中で大きいのは、アニメグッズの新規店舗とシステムの開発費、あとは、余り気味のデザイナーさん達よね？」

杉山麗子は、役員会議の資料を見ながら、話し続けた。

「ねぇ、今までオープンしたお店はすべて直営店なの？」

「そうですよ」

「あんた、このあとの店舗展開、すべてフランチャイズ形式にしたらいいんじゃないの？　セブンイレブンみたいに、オーナー希望者を募集して、その人達に内装設備や保証金のお金を出してもらって、お店を経営してもらうのよ。こちらには、複雑な在庫管理に耐えられるシステムがあるんだから、売れ筋の商品をオーナーに教えて、無駄な在庫を持つリスクを小さくしてあげれば、それがノウハウになるわよ」

139

「なるほど、日本全国にオタクはたくさんいるから、着実にオーナーは集まりますよ」
「お店の数が増えれば、単品で少量だったアニメグッズも大量仕入れが可能になるから、仕入単価は下がるし、ロイヤリティも貰えるから、変動費率はさらに下がるわよ。それに、フィギュアの売上が増えれば、工場の稼働率も上げることができるでしょ？」
「そう言えば、最近、中途採用した中に、大手飲食店のフランチャイズ開発をしていた社員がいたはずだから、すぐにチームを作って、そのビジネスモデルを展開させますよ。よおおし！　目指すはフランチャイズ100店舗だぞー」
「ちょ、ちょっと待ってよ！」
杉山麗子は、紙に大きく文字を書き始めた。

① 新規事業を行う目的をハッキリさせる
② 無理のない目標を立てる
③ 撤退のルールを明確にする

「いい？　新しいビジネスを始めるときには、絶対に、この3つを忘れてはいけないの。まず、いきなり社員に新しいビジネスをやれって言って、一生懸命やると思う？」
「まぁ、業務命令ですから」

140

第二章　価格競争に陥ったら、会社が必ずやるべきことが一つある

「ここは、ガンダムやマクロスが出てくる戦場じゃないのよ。上から目線で命令したら、辞めちゃうわよ。今の会社の状況は公表されているから、社員全員が理解しているわよね？
だから、この事業の目的は『本業の赤字体質を改善すること』だって、教えてあげるのよ」
「その手段として、余っている固定費を使って、会社の変動費を下げるんでしたね」
「目的を教えたら、一緒に目標を決めるのよ。このときも、新規事業が儲かるって思ってやってたけど、失敗したんでしょ？　あんた達だって直営店が儲かるって会社を救ってくれるなんて考えてはダメよ。新規事業は失敗する確率の方が大きいんだから、その社員にも100店舗を達成しろなんて壮大な計画を押し付けちゃダメよ。腰が引けて、守りに入ったら、もっと新規事業の成功は遠のくだけよ」
「そりゃ、そうですね。まずは、1つでも、2つでも、フランチャイズで成功した事例を作って、そのビジネスを黒字にすることを目標にします」
「あんたの役割は、この事業が成功する確率を高くするために、全面的にバックアップすることよ。それで、ビジネスを撤退するルールも最初に決めておかなきゃね」
「いきなり後ろ向きな見解じゃないですか？」
「でも、このルールがないと、『いつか黒字になるかも』という甘い期待が捨てきれず、ズルズル引きずっちゃうわ。例えば、今の直営店にも、『開業して1年経って、月間の利益が赤字なら撤退する』というようなルールを決めるべきだったわね。まだ、赤字の直営店舗が

141

「えー、今年も何店舗か閉じたので、『特別損失』が2億円も発生しちゃったんですよ」

「じゃ、あんたがフランチャイズに応募しようかなって思ったら、まっさきに何をする？」

「そりゃ、その店舗をそーっと覗きに行きます」

「そこで、お客が入っていない現実を見て、オーナーに応募すると思う？」

「しませんね……自分が応募したいと思わなければ、他人だってしてないってことですね」

「しかも、儲かっている直営店が大多数にならなければ、応募者に説明もできないでしょ？」

「うーん、確かに麗子ちゃんの言うとおり、この3つの約束は重要ですね。あまりにも麗子ちゃんのアイデアが素晴らしかったら、思わず先走っちゃうところでしたよ」

「なに、ゴマすっているのよ！　フランチャイズなんて、どこにでもあるアイデアでしょ。目新しいウリなんかよりも、既存のフランチャイズのアイデアをマネすれば十分なのよ」

「儲かるからこそ、そのビジネスモデルをマネすれば、それで終わりじゃないのよ！　マネすれば、それで終わりじゃないってことですしね」

「あんた、本当に分かってるの？　そのビジネスモデルをみんなが使っているってことなのよ。じゃあ、余っている『固定費』を使って、他にどんなビジネスが考えられる？」

「あと余っている固定費っていうのは、デザイナーだから……思いつきませんねぇ」

残っているんでしょ？　それも閉鎖して！」

第二章　価格競争に陥ったら、会社が必ずやるべきことが一つある

「普通のアイデアでいいのよ」
　田上は、うんうん唸っているだけで、アイデアが出てくる気配がまったくない。
「ホントにしょうがないわね。デザイナーの人達はオタク心をくすぐる絵は描ける？」
「そりゃもう、絵は得意ですよ。でも、ヒットキャラクターを飛ばすぐらいの突き抜けた才能を持っている社員は、ちょっと見当たらないですけど」
「じゃ、海外に進出してみるのはどう？　今や日本のアニメ文化は日本が最も世界に輸出しているヒット商品のひとつよ。アメリカやヨーロッパ、特にフランスなんかは、日本のアニメ市場が急激に広がっているわ」
「でも、どうやって……」
「アニメグッズは、海外のオークションサイトで大人気なのよ。日本のコミックマーケットで売られている同人誌が、数万円で取引されることもあるわ。だから、まずはインターネットを通じて、デザイナーの人達が作ったキャラクターの絵を販売してみたらどう？　オークションだから投資も少ないし、すぐに現金化できるビジネスよ。1件当たりの売上金額は小さいけど、人海戦術で回せば、それなりの利益にはなると思うわ。それで、少しずつコツが分かってきたら、それ以外の商品を売り出せばいいんじゃないの？」
「麗子ちゃん！　ナイスアイデアですよ！　デザイナーの仕事は趣味と実益を兼ねたところがあるから、海外オークションの実務も喜んでやると思います。これで、余っている人件費

143

をうまく使い回せますね。よーし、この作戦でバンバン売上を伸ばしていくぞぉ！」
そう言って、田上は杉山麗子のフィギュアを握り締めようとしたが、杉山麗子はぴょんと目の前にあるソファの上に飛び乗って、田上にあっかんべーをした。
「あんた、まだ話は終わってないわよ。さっきの図を覚えてる？『④固定費を下げる』という選択肢が残っているでしょ」
「そうでした！　でも、『固定費』って売上に関係なくかかるんですよね？　しかも、今のビジネスを止めるわけではないから、下げることって難しいんじゃないんですか？」
「普通の会社はね。でもあんたの会社は異常だから簡単にそれができるのよ。固定費の中に売上に貢献することもないし、『変動費』を下げるためにも使えないものがあるでしょ」
「……はて？　なんだろう？」
「ホントに分かってないわね！　この自社ビルよ！　これを売却すればいいじゃない」
「ええっ！　まだ3年前に銀行からお金を借りて、建てたばかりですよ」
「この自社ビルの減価償却費が固定費を押し上げているのよ。あんたの商売って、お客はお店に行くんだから本社は関係ないでしょ。売上を稼ぐわけでもない、参入障壁にもなっていないムダな固定費そのものだわ。今年は自社ビルの売却損で赤字が増えても、来年は賃料の安いビルに引っ越せば、『固定費』が下がるし、それで借入金を一部返済すれば、銀行も文句を言わなくなるわよ。それを、さっきの新規事業と一緒に、次の株主総会で発表すれば、

第二章　価格競争に陥ったら、会社が必ずやるべきことが一つある

株主から袋叩きにはならないはずよ」
「でも……この100インチの大型テレビがなくなっちゃうのは、ちょっと……」
「この社長室が一番の無駄！　あと、クローゼットにあるフィギュアも売るのよ。全部で1000体ぐらいあるんじゃないの？　どうせ会社の経費で買ったもんばかりでしょ」
「えぇー、あれは、研究のために必要だし、僕の宝物なんですよー！」
「こんなときに、なに言ってるの！　今すぐ、オークションに出して現金化しなさい！」
「……分かりました」
　田上はガックリと肩を落として、小声で答えた。杉山麗子に乗り移った北条は、ちょっと言いすぎたかなぁと思い、テクテクと田上の耳元まで行って、小さな声でささやいた。
「人間ってね、成功よりも、失敗から学ぶことの方が多いのよ。今回の挫折で、あんたは人間として大きく成長したと思うわ。だって、最初に会ったときと顔つきが別人のように変わって……すごくかっこよく見えるもの」
「そっ……そうかなぁ？」
　田上は顔を赤らめながら、笑って答えた。
「それに……宝物のフィギュアは、私だけでいいでしょ？」
「れ、麗子ちゃーん！」
　田上がフィギュアを抱きしめようとした瞬間、空から鐘の音が鳴り響いた。

カランコロン！　カランコロン！　「はーい！　時間いっぱいでーす！」

間一髪、北条は杉山麗子から離脱して、田上の抱擁を免れることができた。

苦しくても、充実した人生なら「幸せ」になれる

「で、田上の5年後はどうだい？」

北条は、未来テレビに食い入るKに向かって、乱暴に問いかけた。

「ちゃんと会社はV字回復してますね。フランチャイズビジネスはマスコミでも話題になって、お金を持て余しているオタク社長さんがたくさん出店したみたいですし、海外戦略も順調に売上を伸ばしていますね。パリに設立したアニメの専門学校にも入学者が殺到しているようです。あと、マンガの描き方の通信教育は、アメリカの西海岸で大流行してますよ」

そこまで話したところで、Kの携帯電話がけたたましく鳴った。

「はい、はい、了解です。分かりました。ありがとうございますー。失礼しまーす」

Kは電話を切ると、そっぽを向いている北条に向かって、強く手を握り締めてきた。

「北条さん、おめでとうございます！　二人目の将来が先ほど『幸せ』と認定されました！」

「……あぁ」

第二章　価格競争に陥ったら、会社が必ずやるべきことが一つある

「あれ？　嬉しくないんですか？」
「いや、嬉しいけど……本当に、田上は今回の結末を喜んでいるのかなぁと思ってさ。ほら、あいつ、本当は商品開発者として、ずっと自分の好きなキャラクターを開発する仕事をしたかったわけだろ？　それなのに、いきなり上場企業の社長なんかやらされてさ。もしかしたら、あそこでアドバイスなんかせずに、社長をクビにされていた方が、彼にとって幸せな人生だったのかなぁと思ってさ」

ぼそぼそと遠くを見つめながら話す北条を見て、Kは肩をポンポンと叩いて話し始めた。

「『幸せ』の判断基準は、何もその人の地位や年収だけを判断材料にしているわけじゃありません。田上さんは社長業を続けていますけど、心の中は充実して、とっても幸せ今回の結果になったんだと思いますよ」

北条は、Kの言葉を聞いて、だいぶ気持ちが楽になった。確かに言われたとおり、地位や名誉が上がったり、お金に余裕ができることだけが「幸せ」の基準ではない。苦しいことだって、自分が納得する道なら、それを歩むことが「幸せ」にだってなる。

だから、オタク文化を広げたいという目標に向かって、大変だけどがんばり続けることが、田上にとっての「幸せ」だったりするのだ。

「ところで、北条さん、ひとつ聞きたいことがあるんですが、あの杉山麗子っていうフィギュアなんですけど、あの人形、北条さんの好みのタイプなんですか？」

「そうだな。ああいうキツイ性格のタイプの子は、昔から好みだな。でも、結婚した俺の嫁さんは、杉山麗子とは逆のタイプだ。純粋で明るくて、ちょっと天然ボケが入っていて、人に気を使える優しい女性だったよ。その性格が娘の恭子に遺伝するかと思ったが、逆に俺の性格に似て、勝気な性格になっちまった」
「その娘さんの結婚式に出るためにも、あと三人を『幸せ』にしないといけませんね」
　Ｋがそう言うと、北条は口を一文字にして、コクリと黙ってうなずいた。
　その二人の視線の先では、ガンダムに登場する地球連邦軍の青い制服を着た田上が、杉山麗子のフィギュアを小脇に抱えて、「アムロ、行きまーす！」と大声で叫んでいた。
「ホント、人間として成長していないなぁ、あいつは」
「……ですね」
「次は、もう少しまともな奴にしてくれよ……」
　北条は目の前で起きている異常な光景を見て、ポツリとつぶやいた。

第三章

粉飾決算という泥沼から抜け出して、再生する

「うぉー！　何やってんだよ、鳥谷よー！」

父の浜口大輔が、巨人対阪神戦をテレビで観ながら雄たけびを上げるのを見て、娘の美智子は余計に気持ちが暗くなった。

「小笠原はそもそも阪神に入団したかったんだぞぉ！　それを無理矢理、巨人がふんだくりやがって！　早くバースを出せ！　バース様を監督にしろ！」

父が支離滅裂なことを言い出すときは、たいてい機嫌が悪い時である。しかも、酒も入らず、シラフでこんな発言が堂々とできるんだから、自分の会社である浜口食品で「イケイケドンドン社長」というあだ名がつけられているのも、仕方がない。

さらに、今日はいつにもまして、父の暴走は歯止めが利いていない。なだめ役の母は同窓会。父の相談役の兄は出張中。家に残った気の弱い美智子だけでは、到底、この父の機嫌の悪さを元に戻せるほどの力はない。せめて、巨人が滅多打ちにあって負けてくれれば、少しは収まるかもしれないのだが……。

「おい、美智子！」

浜口大輔は大声を張り上げた。

「どうだ、最近の花丸食品のほうは？」

「えっ？」

「『えっ？』じゃないだろー、もう4ヶ月も花丸食品の経理を見ているんだろ？　そろそ

第三章　粉飾決算という泥沼から抜け出して、再生する

ろ、業績の報告があってもいいんじゃないか？　どうだ？　借金の返済も問題ないのか？」

花丸食品とは、父・浜口大輔が30年間も付き合ってきた、同業者の社長が経営していた会社だった。ときには親友、ときにはライバルとして、お互い切磋琢磨しながら成長してきた経営者同士の仲だったが、1年前に銀行の担当者と電話で会話している最中に、その社長は脳卒中で突然倒れて死んでしまったのである。享年55歳。くしくも父と同じ年の早すぎる死だったが、残された家族は悲しみに落ち込んでいる場合ではなかった。

この会社には、親族の後継者が誰もいなかったのである。奥さんはまだ40代。趣味は油絵とフラダンスという、なんとも優雅な趣味を持っている世間知らずの後妻である。今まで苦労したことなどないのだろう。さらに一人娘は18歳で、まだ高校生だ。

花丸食品が上場していない未公開会社で、誰が社長になっても株主からの文句が出ないとはいえ、とても跡継ぎとして、経営を親族に任せられる状態ではない。

そして、そんな不安定な状態の中で、社長の死後、長年いがみ合っていた花丸食品の二人の常務取締役により、みにくい派閥争いが勃発したのである。経営者の葬儀から1ヶ月も経たないうちに、花丸食品は空中分解寸前にまで追い込まれてしまったのだ。

そこで白羽の矢を立てられたのが、父、浜口大輔だった。会社の経営がまったく分からない残された奥さんと娘は、とりあえず、自分の父親が唯一「親友」と認めていた浜口食品の

社長、浜口大輔に泣きついてきたのである。彼女達は花丸食品を経営するつもりはないし、その能力もない。娘の大学の学費も必要だと目の前でオイオイと泣くので、江戸っ子でもないのに情が厚い父は、3ヶ月前に花丸食品を5000万円で買収したのだった。

もともと、相手の会社のこともよく知っているし、その食品工場にも何度も視察に行っていた。それに、浜口食品は同じ食品製造の工場を持つ会社だったが、主にデパートやスーパーにしか販路を持っていなかった。そのため、コンビニエンスストアへの販路を持っていた花丸食品が、とても魅力的な会社に見えたのも確かだった。

しかし、大なり小なり、会社というのは必ず問題を抱えている。調べてみたところ、花丸食品は年商20億円に対して、5億円もの借金を抱えていた。販路を広く開拓できるという経営者としての『欲』は、この件で最後まで買収を反対したが、販路を広く開拓できるという経営者としての『欲』が勝って、花丸食品の後妻が、ちょっと古手川祐子に似ているという、男としての『欲』が勝って、ワンマン社長の独裁決裁で、買収を押し切ってしまったのだ。

そして、娘・美智子の苦悩はここから始まった。買収したあとで、花丸食品には経理担当者がいなくて、社長と会計事務所で決算書を作っていたことが判明したのである。

「それじゃあ、経理として不透明なことも多いし、報告も遅れてしまうよな」

と、父の一声で、浜口食品で母と一緒に経理をやっていた美智子が、花丸食品に出向させられてしまったのだ。知り合いも誰もいない不慣れな会社に、買収元からの出向。しかも経

第三章　粉飾決算という泥沼から抜け出して、再生する

1

営者一族である美智子にとっては、それは居心地の悪い毎日だった。気色の悪いおべっか、誹謗中傷、言われのないウワサ話……それでも、なんとか花丸食品の経理を引き継いで、1ヶ月が経とうとしたある日、事件が起きてしまったのだ。

ことの始まりは、何気ない銀行の通帳のチェックからだった。通帳の残高と資金繰り表が300万円程度ズレていたので、最初は自分の計算ミスかと思い、夜中まで会社に残って何度も何度も見直したのだが、どうしてもその誤差の理由が分からなかった。

それから、日に日にそのズレが広がり、花丸食品の運転資金がまったく足りないことが判明したのである。このままでは、月末にも資金ショートして倒産することが分かり、慌てて父に電話して事情を話したところ、当面の運転資金として5000万円を浜口食品から貸し付けてくれたのだった。

「で、どうなんだ、最近の花丸食品は？」

「え、ええ……とても順調よ」

美智子は言葉を濁した。実は、今日、会社でさらに「とんでもない事件」が発覚して、それを早く父に報告しようと美智子は思っていたのだが、父はいつも以上に、阪神がボロ負け状態で機嫌が悪い。他の家族がいない今、自分にとってかなり分が悪いと思った美智子は、

「報告は明日にしよう」と思い直し、食事を終わらせて自分の部屋に戻ろうとしたのだ。
「おい、美智子！　なんか、お前、俺に隠し事をしているだろ？」
　こういう時の父はなぜか勘が鋭い。だてに一代で年商40億円の食品工場の会社を築き上げてきた社長ではない。
「さては、今日、花丸食品の経理で、何か問題でも発見したんだろ！」
「ひっ！　何でお父さんが知ってるの⁉」
「ほらみろ！　今、父さんはカマをかけて言ったんだ！　さぁ、何があったのか言え！」
　美智子の額から汗がにじみ出てきた。
「コラ！　言ってみろ！　父さん、いきなり怒ったりしないから！」
　今の時点で、すでに怒ってると思うが、これ以上、黙っていたら、「コラ！」どころでは済まされない。父のことだから、どうせ明日は花丸食品に乗り込んで、経理の書類をすべてチェックするはずだ。そこで「とんでもない事件」が発覚して、自分が報告しなかったことがバレたら……考えただけでも恐ろしい。
「さぁ、どうなんだ！　美智子！　何があったんだ！」
「実は……お父さんの会社から貸してもらった5000万円があるじゃない。今日、経理のデータをいろいろ見てたらね、2ヶ月後ぐらいには、返せそうなのか？」
「2ヶ月後ぐらいには……」

第三章　粉飾決算という泥沼から抜け出して、再生する

「ううん。その逆。2ヶ月後には、貸してもらった5000万円を使い切って、また資金がショートしちゃいそうなのー」

美智子は最後の手段として、ぶりっ子で逃げ切ろうと思った。舌をペロンと出して、片目をつぶって、自分の頭をゲンコツでポンッと叩いて「えへっ」と可愛らしい声を出した。

しかし、これは火に油を注ぐほどの逆効果だった。

「なぁにぃが『えへっ』だぁ！　そんな分からないもんに、もう追加でお金を投入できんぞ！　美智子、今から花丸食品に行くぞ！　取締役を全員呼び出せぇ！　廊下に正座させて、往復ビンタを食らわせてやる！」

「そんな修学旅行の見回りの体育教師みたいな無茶なこと言わないでよ！　そもそも経営状態が悪いのに、残業もしないで帰って、誰も会社になんかいないわよ！」

「うるさーい！　俺の買った会社だぞ！　そんな分からないもんに、もう仕事も終わる社員がどこにいるかぁ！」

もう父の機嫌は完全にプッツンしていて、修復は不可能だった。二人の間で気まずい雰囲気が流れて10秒ほどの沈黙が続くと、突然、美智子の携帯電話が鳴った。着信記録を見ると高校の同級生の陽菜からである。

「お父さん、話はあとで聞くから、ちょっと待ってて！」

美智子は渡りに船と思い、携帯電話を抱えながら走り出した。後ろで父が大声で叫んで

たが、振り向かずに無視して自分の部屋に逃げ込んだ。
「陽菜、ごめんねぇ、すぐに電話に出れなくて」
「いいのよ。それより大丈夫？　美智子のお父さんのすごい大きな声が聞こえたんだけど」
「気にしないでいいわ。いつものことよ。で、どうしたの？」
「どうしたもこうしたも、ねぇ、あれから考えてくれた？」
　1ヶ月ぐらい前、美智子は陽菜から会社の共同経営の話を持ちかけられていた。陽菜はイタリアの大手食器メーカーから、日本における販売の独占契約が取れたらしく、一緒に会社を立ち上げて、美智子にはその会社の経理を見て欲しかったのだ。
「私、どうしてもお金の勘定とかに自信がないの。美智子は今、経理をやっているんでしょ？　だから、私の起業のパートナーとしてベストなのよ。確かに美智子のお父さんぐらいの会社だったら、将来も安定していると思うわ。でも、もっと自分の力を外で試してみたいと思わない？　美智子は大学を出て、すぐにお父さんの会社に勤めちゃったから分からないと思うけど、世の中にはもっともっと、たくさんの面白い仕事があって、いろいろな人がいるのよ。辛いこともあるけど、出会いもたくさんあるし、楽しいことだって、きっといっぱいある。私、美智子と二人だったら、結構、がんばれると思うんだ」
「陽菜……」
「今すぐの返事じゃなくていいの。もう少し、考えてみて。私、あなたの気が変わってくれ

第三章　粉飾決算という泥沼から抜け出して、再生する

るまで、いつまでも経理のポジションを空けて待っているから」

そう言うと、陽菜は美智子とたわいもない世間話をしたあとに電話を切った。美智子は携帯電話を枕元に放り投げると、ベッドにそのまま横たわった。

「独立して自分の力を試すか、父の会社の経理担当として一生を終わるか……」

美智子は独り言をいうと、疲れてたのか、すやすやと寝息を立てて眠ってしまった。

経営者として成功できる「資質」とは

「どうやら、浜口の娘さんは相当悩んでいるみたいですねぇ」

Kはベッドで寝息を立てている美智子を見下ろしながら北条に言った。

「まぁ、サラリーマンだったら、一度は独立とか起業とかを考えるからな。それに、あんなに怒鳴り散らすオヤジの下だったら、会社を辞めたくもなるよな」

「それなら、北条さんは、美智子さんに独立を勧めるんですか?」

「いや、勧めないな。輸入食器のビジネスは、競合会社との差別化も難しいし、価格競争に陥りやすいだろ。もし売れたとしても、すぐに大手商社が乗り込んでくるよ。そうしたら、日本での販売の独占契約なんて1年更新だろうから、すぐ反故にされてしまうよ。それに美智子さんというこの女性は、押しが弱すぎる」

「うーん、確かに。これだけ父に逆らえない環境でずっと育てられてきたら、さすがに社会の荒波には持ちこたえられませんね」

「おおかた、起業を誘っている陽菜さんっていう女性も、美智子さんの従順なところが気に入ってるだけで、本質のところまでは考えてはいないさ」

北条は目を細めて、美智子の寝顔を見入った。

「起業って難しいんですね」

「世間が思っているほど簡単に成功なんてできないよ。でも独立するよりも、サラリーマンとして出世したり、親の会社をちゃんと継ぐことだって、大変なことだし、その方が得でいい人生だったりする。社長の才能がないのに独立したら、本当に悲惨なことになるからなぁ」

「じゃあ、北条さんが考える、社長として成功できる才能って、何ですかね？」

Kはそう言うと、ポケットの中からメモ帳を取り出して耳を傾けてきた。

『スケベ』で『ワガママ』で『ケチ』ってことだ。『スケベ』は欲望が強いこと。『ワガママ』は自己実現の力の強さを意味して、『ケチ』はコスト管理に長けているってことさ。この3つを持っているのが、そこのリビングで大声を張り上げている浜口大輔なんだろうな」

北条がそう言うと、「原監督のバカヤロー！」という声が、美智子の部屋にまで響いてきた。

第三章　粉飾決算という泥沼から抜け出して、再生する

「あの浜口って社長は、会社が小さな頃から、がむしゃらにがんばっていたからなぁ。ああみえても、美味しいコロッケを作るんだよな」
「あれっ？　北条さん、もしかして社長の浜口さんのこと、ご存知なんですか？」
「いや、直接話したことはない。ただ、あの人の作ったコロッケは……15年ぐらい前からずっと食べている」
「じゃあ、お二人の接点を解説する必要はなさそうですね」
そう言うとKは「北条健一」と書かれた個人情報のファイルを閉じた。しかし、北条は美智子の部屋の明り取りの窓から、黙って遠くを見つめながら、話を続けた。
「浜口食品のコロッケはな、北海道のジャガイモ農家と直接契約しているっていう宣伝文句で、発売した当初からすごい人気だったんだ。その勢いもあってか、今では、『デパ地下で一番売れているお惣菜』として、マスコミにもよく取り上げられる人気商品になった」
「確か、資料にも書いてありましたよ。銀座の三越デパートの地下1階に出したのが最初のお店だったとか。その時から美味しくて毎日、長蛇の列だったらしい」
「……死んだ嫁さんは、あそこのコロッケが大好きでね」
気まずそうな顔をしているKをよそに、北条は話を続けた。
「銀座に行った時は必ず買いに寄ってたんだ。嫁さん……静子って言うんですね」
「10年前にガンを患って入院したんだけど、治る見込みもなくてな。で、あの日も銀座で仕事

159

があったから、お土産に浜口食品のコロッケを買って帰ったんだ。そして、病院に見舞いに持って行ってやったら、『今日は食べたくない。明日、食べる』って言ってな……」
「コロッケ、食べなかったんですか？」
「ああ、正確には『食べられなかった』だな」
「えっ？」
「次の日、死んじまったから」
Kは、しんみりした声で答えた。
二人はしばらく沈黙したあと、北条のほうから、少し乾いた声で静かに話し始めた。
「まっ、ここで浜口食品の経営が悪くなって、あのコロッケが食べられなくなると、寂しくなっちゃうしな。ここは浜口大輔に乗り移って、お金が足りない原因でも究明してやるか」
「がんばって下さい」
「なんだよ、いつもの笑顔はどうした。辛気臭い声になっちまって」
「いや、北条さんの気持ちを考えると……つい……」
天使は嗚咽をもらしながら、泣き始めた。
「おいおい、泣くなよ。別にもらい泣きして話したわけじゃないんだから」
「いえ、とってもいい話でした。私、今後、メンチカツを食べるときには、いつもこの話を思い出したいと思います」

第三章　粉飾決算という泥沼から抜け出して、再生する

「……メンチカツじゃねぇよ！　コロッケだよ！」
「あっ、時間になりましたよ！　お父さんに乗り移って下さい！　5・4・3・2……」

腑に落ちない気持ちになりながらも、北条はテレビで野球中継を観戦して、大声を出している浜口大輔に乗り移った。

粉飾しやすい項目は、どんな会社でも決まっている

「美智子？　起きているのか？」

浜口大輔の穏やかな声で、美智子は目を覚ました。

「寝ていたのか？」
「あ……うん、大丈夫。ごめんね、眠っちゃって」
「いいんだよ、お前も疲れているんだから」

大輔の優しい言葉に、美智子は背筋がゾクゾクと寒くなる感覚を覚えた。他人を気遣う言葉など、生まれてこのかた、父の口から聞いたことがない。娘が困っているんだから、冷静に話し

「さっきは、俺もついカッとなって怒鳴りすぎたよ」
「あ、いいのよ、そんなこと。それより……お父さん、大丈夫？」
を聞いてあげなきゃいけないのにな」

「えっ？　何が大丈夫だって？」
「だって、その……なんだか」
　大輔に乗り移っている北条は、様子がおかしいから大輔に乗り移っている北条は、いつものように、自分の娘の恭子と話す感じで美智子に話しかけていた。しかし、浜口家ではこの話し方は「不自然」と捉えられるようだ。北条は不信がられるとまずいと思い、すかさず話題を変えた。
「いや、阪神の選手が最終回にホームランを打って、逆転で勝ったんだ。だから、父さん、機嫌がいいんだよ。それより、なんだっけ？　子会社の花丸食品に投入した5000万円が、2ヶ月後にはなくなるんだって？」
「そうなのよ、お父さん！　聞いてよ！」
　美智子はそう言うと、ガサゴソとバッグの中から書類を取り出し始めた。北条はやっと本題に入れたこともあり、ホッとして美智子の部屋にあったイスに腰を下ろした。
「ねぇ、見て。これが花丸食品の資金繰り表なの」
「いや、それは必要ないよ。資金繰り表って、入金サイトや支払サイト、借入金の返済予定表なんかを参考にして作るだろ。しかも、それが通帳の残高と違ってきているってことは、もう事実として分かってる。まずは、前期の決算書を見せてくれないか？」
　美智子は自分が一生懸命作った資料を無視されて、ちょっとムッとしたが、逆らってもいいことはないと思い、黙って決算書を取り出して、父に見せた。

第三章　粉飾決算という泥沼から抜け出して、再生する

「うーん、売上が20億円で、利益も出ているんだな」
「そうなのよ。特に経費で無駄遣いしているようなところもないし、決算書の現預金の残高は通帳で、借入金は銀行の残高証明で、ちゃんと確認しているわ」
「となると……『粉飾決算』の可能性があるな」
「えっ！　粉飾？　そんな悪いことを実際にやっている会社なんてあるぁ。
「あるある！　意識的にやっていない会社もひっくるめれば、10社に1社ぐらいは粉飾をやっていると思うぞ。『粉飾決算』に対して経営者はかなり甘くみているところがあぁ。でも、その粉飾された決算書を使って銀行からお金を借りたり、証券市場からお金を集めたりすれば、その時点で詐欺行為で犯罪になるんだ」
「えーっ、警察に捕まっちゃうんだ！」
「ウソの書類を作って、人を騙してお金を出してもらうんだからな。でも、意外と粉飾は身近に起こっていることなんだよ。ただ、中小企業が粉飾決算をやったとしても、ほとんどが新聞やテレビで報道されないから、一般の人は知らないだけなんだけどね」
「じゃあ、この花丸食品も……」
「まだ粉飾だと確定したわけじゃない。でも、利益が黒字でありながら、運転資金として投入した5000万円が、あっという間になくなってしまうのは、何かしら会社の決算書に大きな『ウソ』が存在している可能性が高い」

美智子は、ゴクリと唾を飲み込んだ。

大輔は一呼吸置いてから、ゆっくりと話を続けた。

「花丸食品の経理は死んだ社長がやっていたんだろ？　意識的に、その『ウソ』を作っていた可能性が高い。まずは、それを探さないとな」

「探すって……どうやって？」

『貸借対照表』と『損益計算書』は持っているかい？」

美智子はいつもの豪快な父とはあまりにも違うので本当に心配になった。しかし、とりあえず、落ち着いていることに越したことはないので、父の言葉に従うことにした。

大輔はひととおり花丸食品の決算書を見ると、「なるほどね」と小声でつぶやいてから、ゆっくりと話し始めた。

「『粉飾決算』というのはな、一見、発見しにくそうに思われがちだが、実は、そんなに難しい粉飾をするケースっていうのはないんだよ」

「なんで？　バレないようにするのが粉飾じゃないの？」

「確かにそうなんだけど、バレないように、いくつもの数字をいじりすぎると、今度は細工をした経営者自身が分からなくなるんだ。子供の頃とか、ひとつウソをついたら、またそのウソを隠すために別のウソをついて、さらにウソのウソをついてくうちに、結局は、お父さんやお母さんにウソがバレちゃうことってなかい？」

第三章　粉飾決算という泥沼から抜け出して、再生する

「あるある！　もう、最初に何のウソをついたのかも分からなくなって、ウソをつき通すのは難しいって観念して、最後は自分から謝っちゃうんだよね」

「そうだろ。ただ、子供のウソは謝れば許されるけど、責任がある大人のウソは、そうはいかない。だから、大人はウソをつくときには、絶対に逃げ道も一緒に用意しておくんだ」

「じゃあ、花丸食品の社長も逃げ道を作っていたの？」

「逃げ道は、将来、儲かってきたら、その粉飾を修正できるようにしておくってことさ。結果的に、正しい決算書に戻れば、過去のウソを指摘する人はいないだろ？　だから、あとで自分でもすぐに分かる部分だけに手を加えているはずなんだ」

「じゃあ、細かく数字をいじるんじゃなくて、やることを絞って大胆に変えちゃうんだ」

「決算書の中で、どーんと数字を変えても、おかしくない項目なんて、そんなにないだろ。だから、結局、どんな会社でも、粉飾する箇所なんて決まっているんだよ」

「それって、決算書のどの項目なの？」

美智子がそう言うと、父は3つのキーワードを美智子のノートに書き始めた。

「花丸食品は製造業だから、『売掛金』、『棚卸資産』、それと『人件費』が怪しいと思ったほうがいい。それを調べれば、だいたいのことが分かるはずだ」

「ふーん。そういうもんなんだ」

計上されている売掛金は、本当にすべて回収できるのか

「最初は、『売掛金』からだな」
　そう言って、父は『損益計算書』を机の上に出した。
「まず、ここに20億円という年間の売上金額があるじゃないか。この数字を12ヶ月で割ると、だいたい1ヶ月分の売上が出るだろ？　すると……1ヶ月の売上の平均は1億6000万円になる。それなのにほら、『貸借対照表』の『売掛金』を見てみろよ。えーっと……あった！
『売掛金』って、花丸食品がスーパーやコンビニの配送センターに納品すると、その売上のお金があとで入金されるから、それまで計上されている項目よね。
4億円って数字が書かれているわ」
「美智子、今、花丸食品の取引先との契約書はすべて持っているのか？」
「一応、パソコンの中にデータとして入れているけど」
　そう言うと、美智子はカバンの中からノートパソコンを取り出して電源を入れた。父は器用にキーを叩いてファイルを開くと、ニヤリと笑って「ほほーっ」と一回うなった。
「お父さん、何を見てるの？」
「スーパーやコンビニとの契約書で、支払い条件をチェックすれば、花丸食品の入金サイトが分かるだろ。それを見ると、どの取引先も翌月、もしくは翌々月の支払いになっている。

第三章　粉飾決算という泥沼から抜け出して、再生する

ということは、売掛金は最大でも何ヶ月分になると思う？」
「入金の全部が翌々月になったとしたら、最大でも2ヶ月分ってことよね？」
「うん。とすると、花丸食品の売掛金は、最大でも2ヶ月分の3億2000万円にしかならないはずだろ。それなのに、『貸借対照表』には4億円って、数字が書かれている」
「あーっ！　おかしい！」
「まぁ、売掛金をいじるのは、粉飾では一番よくあるパターンだからな」
「ねえねえ、お父さん！　そうなると、4億円との差額の8000万円を、売上として架空に計上したってこと？　しかも、1ヶ月後に入金してくれる取引先もあるはずだから、粉飾した金額はもっと大きいはずよ」

美智子は興奮した口調でまくし立てた。大輔に乗り移った北条は、その慌てた姿が面白くて、思わず噴き出しそうになったが、ぐっと堪えて、次の指示を出した。
「美智子、前期の決算書だけじゃなく、2期前の決算書もあるのかな？」
「それも、ノートパソコンにファイルとして入っているわよ」

大輔は、そのノートパソコンから2期前の決算書の売掛金の明細を見つけ出して、前期の決算書の売掛金の明細と見比べ始めた。
「ねぇ、今度は何が分かったの？」
「うん、やっぱりな」

「2期前と前期の『売掛金』の明細で、取引先名と金額がまったく同じものが20社ぐらいあるんだよ」
「えーっ、取引先が同じっていうのは分かるけど、金額まで同じなわけないわ！」
「しかも、この取引先は聞いたことがない小さなスーパーばっかりだな」
 そのとき、大輔に乗り移っている北条は取引先の中から1社だけ知っているスーパーの名前を見つけた。そして、パチパチと美智子の机の上にあった電卓を叩いて話し始めた。
「それで、この20社の売掛金を合計すると、だ。ちょうど1億円になる」
「すると、花丸食品はずーっと、『売上』を架空に増やしていたってことなの？」
「ちょっと違うな。この中で一番大きな『売掛金』の取引先は、うちとも取引しているスーパーなんだ」
「なーんだ、じゃあ、電話して聞いてみれば、このウソはすぐに分かるんじゃないの？」
「それは無理だな。このスーパー、2年前に倒産しているから」
「えっ！ ちょ、ちょっと！ じゃあ、倒産して回収できなくなってきちゃった」
 美智子が頭をカシャカシャとかきむしると、大輔は笑って、ゆっくりと話し始めた。
「相手の会社が倒産した場合や、もう回収できない取引先に、こちらから債権を放棄する内容証明書を送った場合には、売掛金を消して、『貸倒損失』として経費に計上できるんだ。

168

第三章　粉飾決算という泥沼から抜け出して、再生する

でも、その手続きをどうやら花丸食品はやっていないみたいだな」
「それで回収できない『売掛金』が貯まって、1億円まで膨れ上がっちゃったってこと?」
「スーパーの業界は、コンビニという競合会社が増えて価格競争になったから、経営が苦しい取引先が多いのは事実だ。この20社は本当に支払うことができないんだろうなぁ」
「じゃ、この売上は実際にあったわけだから、大騒ぎするほどじゃないのかな?」
「まぁ、1億円も回収できないんだから、会社の資金繰りは大きく狂っていったはずだ。でも、取引先のスーパーとも長い付き合いで、先方の社長の顔なんかも知っていると、債権者として強い態度に出てまで『売掛金』を回収しようなんて気は起きないわなぁ」
「ふーん」
美智子は、豪快でハチャメチャな父でも、取引先の社長のことを思いやる気持ちがあるんだと、ちょっと意外な一面を知って嬉しくなった。
「で、最近、大きな取引先の倒産ってあったのか?」
「いえ、それは聞いてないわ」
「じゃ、この20社の『売掛金』の回収を、資金繰り表に入れていたのか?」
「取締役からもらった入金サイトの表に、こんな取引先の名前は載ってなかったわ」
「そうか。結論としては、過去の決算書で『売掛金』を粉飾した事実はあったが、融資した5000万円がなくなったことと、直接的な関連性はないってことになるな。よし!じゃ

169

次は、『棚卸資産』をチェックしていくか」
大輔はそう言うと、膝をポンッと叩いた。

わざわざ、「製造原価報告書」を作る理由

「お父さん、根本的な質問なんだけど、『棚卸資産』をどういじると、粉飾できるの？」
「それを説明する前に、花丸食品の『損益計算書』のしくみを理解する必要があるな。美智子は、『製造原価報告書』のことを知ってるのか？」
「うん、商品を外部から仕入れずに、自社の工場で作っている会社は、必ず『損益計算書』の一部として『製造原価報告書』を作るんだよね。でも一応……念のために教えてよ」
「じゃ、図を見ながら聞いてくれ。まずは、『材料費』だが、材料は毎年、繰り越して使うことができるから、『材料費＝期首材料棚卸高＋材料仕入高－期末材料棚卸高』って計算するんだ」

「『期首』が前期末に余っていた材料で、『期末』は来期に持ち越す材料なのね」
「あと、『人件費』っていうのは、工場の社員の給料や社会保険料などで、『経費』は、機械設備の減価償却費や工場で使っている水道光熱費のことなんだ。これらは、来期に繰り越して使うことはできないから、今期に発生した分をそのまま計上することになる。で、すべて

第三章　粉飾決算という泥沼から抜け出して、再生する

損益計算書	
売上高	20億円
期首製品棚卸高	1億円
当期製品製造原価	15億円
期末製品棚卸高	2億円
売上原価	14億円
売上総利益（粗利益）	6億円

粗利益率30％＝
粗利益6億円÷売上高20億円

製造原価報告書	
期首材料棚卸高	3億円
材料仕入高	8億円
期末材料棚卸高	4億円
材料費	7億円
人件費	1億円
経費	
減価償却費	3億円
外注費	3億円
水道光熱費	1億円
（燃料費も含む）	
当期総製造費用	15億円
期首仕掛品棚卸高	2百万円
計	15億2百万円
期末仕掛品棚卸高	2百万円
当期製品製造原価	15億円

図⑮

を合算したものを『当期総製造費用』って呼ぶんだ」

「あと……『仕掛品』って、決算日に工場の中で完成していなかった商品のことよね？」

「そうだ。それで、材料と同じように、『当期製品製造原価＝期首仕掛品棚卸高＋当期総製造費用－期末仕掛品棚卸高』を計算して、これを『損益計算書』の『売上原価』に反映させるんだ」

「お父さん、根本的な質問になるんだけど……『損益計算書』があれば利益は計算できるんでしょ？　なのに、何で、こんな書類をわざわざ作るのかな？」

「正確な『粗利益＝売上総利益』を計算するためさ。例えば、工場で働く社員の給料が、『損益計算書』の『販売費及び一般管

理費』の給料の項目に混ざってしまったら、『営業利益』は正しかったとしても、『粗利益』は間違っていることになるだろう？」
「そうか。『粗利益』を使って、会社の重要な意思決定をすることもあるものねぇ」
「会社とは正しい数字をもとに、当たり前のことをやり続けることで、初めて儲かるものなんだ。で、『粗利益』までくれば、あとの決算書の項目は、製造業以外と同じだよ。ここで質問！　今、花丸食品の『期末製品棚卸高』を1億円だけ増やすと、『粗利益』は……あれ？　7億円に増えるわ！」
「えーっと、引き算する金額が増えるから……『粗利益』は……あれ？　7億円に増える……どうなるかな？」

美智子はキツネにつままれたような顔をして、『損益計算書』を眺めていた。

「いいかい？　どんな業種でも、材料や仕掛品も含めて商品の期末の『棚卸資産』を増やすと、『売上原価』が減って『粗利益』が増えるんだ」
「えっと、『棚卸資産』って、使われなかった材料や売れ残っている商品のことよね？　じゃ、さっきの『売掛金』みたいに、1ヶ月の平均的な量と比べれば、すぐにウソは分かるんじゃない？」
「そう簡単な話じゃないんだ。例えば、大豆は日持ちするから、価格が安い時に大量に仕入れた方が得ってことになる。すると、決算日にたまたま大量に残っていても変じゃない。それに、材料の中には、物理的に数えられないものもある」

第三章　粉飾決算という泥沼から抜け出して、再生する

「数えられないものって?」

「パン粉の山を見せられて、『コロッケ3000個分のパン粉で、120キロあります』って言われても、想像できないだろ?」

「はははっ、確かにそうねぇ」

美智子は大きな口をあけて笑って答えた。

「それにタイムマシンがないかぎり、前期の決算日には戻れないから、決算書の『棚卸資産』の数字が正しいかなんて、目では確かめられないんだよ」

「じゃ、どうすればいいのよ?」

困った顔をしている美智子に対して、大輔はゆっくり話しかけた。

「決算書って、会社の経営状況を表わす鏡なんだよ。だから、決算書から会社の経営状況を想像するんだ。それと実態が大きく違っていたら、粉飾じゃないかって疑うんだ」

「想像力かぁ……本当に、そんなことできるのかなー?」

「とにかく、美智子が、花丸食品の主力商品は、お弁当よね。商品の賞味期限は3日ぐらいだから、作ったらすぐにスーパーやコンビニに配送しなきゃ、腐っちゃうわよね。そうすると、完成品の『期末製品棚卸高』の2億円っていうのは、多すぎるっていうのはどう?」

「その調子だ。でも、花丸食品は、レトルト食品や冷凍食品も作っていたはずだから、日持

ちする商品が在庫として残っているんだろう。確か、工場の中に冷蔵室があったよな？」

「じゃ……今期に仕入れた材料が8億円なのに、『期末材料棚卸高』が4億円もあるでしょ。これって、多すぎない？」

「材料の仕入先を見ると、ずっと同じ会社なんだ。おそらく、コンビニやスーパーから指定された業者だと思う。だから、材料の期末の在庫が異様に多いのは、そこから無理矢理、買わされているという理由もあるのかもしれない」

「でも、買わされても使わなければ、いくら材料でも、こんなにあったら腐っちゃうよ」

「材料っていっても、プラスチックのパックや外に貼るシールなんかも含まれるんだ。あれはかさばるから、数が大量になると在庫管理の経費もバカにならないんだけどな」

「それなら、この数字はおかしくはないってことね。あとは、金額が異様に小さい『期末仕掛品棚卸高』だけど……お弁当のおかずを作って詰めずに置いておくことはほとんどないだろうし、レトルト食品だって、パックに詰めて完成品にしておかないと腐っちゃうから……問題なさそうよ。うーん、私には見つけられないわ」

「いやいや、美智子はよく考えたよ。やればできるじゃないか。ただ、これだけだと、『棚卸資産』に粉飾はなさそうって結論になるな」

美智子は、父親が自分を褒めるような言葉を聞いて驚いていた。

「お、お父さん、コーヒーでも飲んでひと休みしようよ」

第三章　粉飾決算という泥沼から抜け出して、再生する

最後にロスが多いと、粗利益は悪くなる

二人はコーヒーを飲みながら、花丸食品の決算書を眺めていた。
「ねぇ、お父さん、次は『人件費』を見るってことになるのかな?」
「いいや。まだ、『棚卸資産』の検証が終わったわけじゃないよ。ところで『製造原価報告書』を作成する理由って覚えているかい?」
「正確な『粗利益』を計算するためだったわね」
「そうだ。だから、今度は『粗利益』が正しいかどうかを検証してみたいんだ」
「『粗利益』って計算した結果でしょ? これに正しい数字なんて、あるのかな?」
「いい質問だ」
大輔は、ペンを取ってノートに文字を書き始めた。図⑯
「美智子、この『歩留率』って言葉を知っているかい?」
「ぶ、ぶりゅうりつ?」
「違う、違う!『ぶ・ど・ま・り・り・つ』って読むんだ」
「ぶどまりりつ? 何それ?」
「よし、じゃあ話が複雑になる前に、粉飾について、すべての結論を先に書いておこうか。

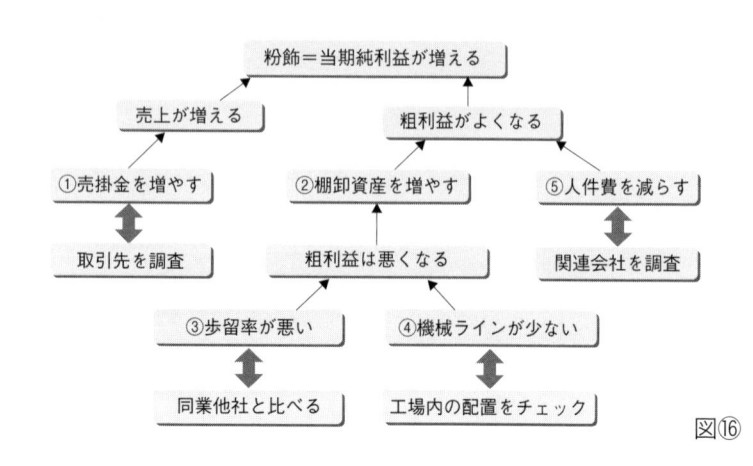

```
                    粉飾＝当期純利益が増える
                    ↑              ↑
         売上が増える        粗利益がよくなる
            ↑                ↑              ↑
      ①売掛金を増やす    ②棚卸資産を増やす    ⑤人件費を減らす
            ↕                ↑              ↕
       取引先を調査       粗利益は悪くなる      関連会社を調査
                         ↑           ↑
                    ③歩留率が悪い   ④機械ラインが少ない
                         ↕              ↕
                    同業他社と比べる   工場内の配置をチェック
```

図⑯

　図を見てくれ。まずは『①売掛金を増やす』という検証だけは終わっているよな？」
「うん。次に、花丸食品が意図的に『②棚卸資産を増やす』ことで、『粗利益がよくなる』ように粉飾したんじゃないかって、想像しているのよね。で、『棚卸資産』だけではよく分からなかったから、さらに下の階層の『③歩留率が悪い』を検証するってことなのね」
「この③の検証が終われば、同じように④と⑤を順番に検証していくことになる」
「分かったわ。で、この『歩留率(ぶどまりりつ)』について、もう一度、詳しく説明してくれる？」
　大輔はコクリとうなずくと、丁寧な口調で美智子の目を見ながら話し始めた。
「いいかい？　まずは自分でお弁当を作るときのことを思い出してくれ。美智子は、お弁当の中に何を入れる？」

第三章　粉飾決算という泥沼から抜け出して、再生する

「えーっと、玉子焼きでしょ、ハンバーグでしょ、ほうれん草のおひたしでしょ、それからご飯を入れて、その上に海苔を乗せる！」

「それはおいしそうだ。ちなみに、それは全部、自分で作るのか？」

「そりゃそうよ。私、こう見えても料理はうまいんだから。玉子焼きは卵を割るところから、ハンバーグはひき肉をこねるところから、前日の夜から漬けておくの。ご飯はよく冷ましてからフタをしないと、びちょびちょになっちゃう」

「分かったよ。じゃ、その中でハンバーグを作るときに、ひき肉が余ったりしないか？」

「そうねぇ。ひき肉は値段が高いから、余らせることはないわ。でも、ハンバーグって、玉ねぎや卵も入れるでしょ。それぞれの分量って決まっているから、ひき肉に合わせると、玉ねぎがいつも余っちゃうのよね」

「それは、どうするんだ？」

「朝食の味噌汁の中に入れちゃうわ。だから、私がお弁当を作ったときの朝食の味噌汁って、だいたい玉ねぎが入っているのよね。お父さんは、いつも黙って食べていたけど、もしかして気づいてた？」

美智子はニコリと笑ってみせた。それを見て、大輔に乗り移っている北条は娘の恭子の顔を思い出した。恭子は中学生の時に母親を亡くしてから、毎日朝食を作ってくれていた。果

177

たして、目の前にいる美智子と、娘の恭子のどちらの方が料理がうまいのか……。
「お父さん、どうしたの？　話の続きは？」
美智子が大輔の顔を覗き込むと、北条はハッと我に返り大輔になりすまして話を続けた。
「そう、そうだ。美智子の言ったとおり、ひき肉と玉ねぎを、どちらもピッタリ使い切ってハンバーグを作るのは難しいだろう？」
「絶対に無理。ただ、いつでも値段が高い材料のロスが少ないように気をつけているのよ」
「それが『歩留率』なんだよ。つまり、ハンバーグを作った時にひき肉と玉ねぎが、ハンバーグになる確率を表わしているんだ。それで、この『歩留率』がよければ、材料を捨てるロスが少なくなって、『粗利益』は必然的に大きくなるだろ」
「私よりも料理の上手な人がハンバーグを作れば、もっと安いコストで完成するってことね。それより、この『歩留率』って、すべての製造業で使われているものなの？」
「もちろんだよ。この『歩留率』は、製造する商品の種類で、だいたい数値が決まっているんだ」
「へーっ、知らなかったわ」
美智子は目を丸くさせて感心した。
「ちなみに、花丸食品の決算書から粗利益率は30％になっているのが分かる。うちの浜口食品の粗利益率が25％ぐらいだから、花丸食品のほうが粗利益率が高いことになるな」

178

第三章　粉飾決算という泥沼から抜け出して、再生する

「じゃ、やっぱり、『棚卸資産』を増やして、粗利益が大きくなる粉飾をしているのね」

「そうとも限らないぞ。工場で使う機械が新しくて性能がよいと、『歩留率』はよくなるんだ。それに、『粗利益率』だって、『歩留率』だけで決定されるもんじゃない。機械を動かすための燃料費や材料の仕入価格にも大きく左右されてしまう」

「でも、5％も差があるのはおかしいわよ。花丸食品は売上が20億円だから、5％も違ったら粗利益が1億円も増えちゃうでしょ？　それに、25％は前期の浜口食品の粗利益率だから、規模も変わらない同業者で、条件がそんなに変わるとは思えないわ」

「確かに。仕入先の業者が指定されていると、逆に5％も大きくなるのは、ちょっとおかしいな」

利益率が小さくなるのに、普通は仕入価格が高いところを紹介されて粗二人はしばらくじっと腕を組んで考え続けた。そのうち、大輔が何枚かの資料を取り上げて、数字を指で追いながら話し始めた。

「なぁ、美智子。最近、花丸食品の工場に何度も行っているだろ？」

「うん、いろいろ現場の話も聞かなきゃ引き継げない業務もあるから、最近は工場まで足を運んでいるわ。みんな社長の娘だからって、嫌な顔はするけど」

「ちょっと思い出して欲しいんだけど、工場でロスが出るのは、材料である米を炊いたり、大豆を煮たり、フライを揚げたりするときの方が多いのか？　それとも弁当として完成してからのロスの方が多いのか？　覚えているか？」

美智子は、完成したパックのお弁当が大量に廃棄処理されていく光景を思い出していた。おかずの製造工程では、ほとんどロスが出ていないわよ。お弁当が完成してからのロスが多いわね。

「そっかぁ……逆に完成してからのロスもあるけど、商品が食品ということもあるけど、工場の中はキレイだし」

「発注ミスでお弁当を捨てたり、盛り付けが間違って返品されたり……そういうケースで捨てられるお弁当が多いのよ。あまり、工場長と営業マンのコミュニケーションが取れていないって感じだったわ」

「それを考えると、やっぱり粗利益率が30％というのはおかしいな。最初の製造段階でロスが出るんだったら、材料に近い状態だから、そんなに大きなロスにはならない。でも、完成品には材料費だけではなく、工場の人件費、機械の減価償却費、水道光熱費がすでに乗っている状態だろ。それを捨てるんだから、絶対に粗利益率は悪くなるはずだよなぁ」

「確かにそうだわ……単純に『歩留率』を計算するだけじゃなくて、どこで悪くなっているのかっていうことも、重要だってことね」

「これは製造業に限った話じゃない。どんな仕事でも、営業マンがプレゼンの資料を作るとする。最初に、『歩留率』の考え方を頭の中に入れておかなくてはいけないんだ。例えば、お客の意見をよく聞いてから作らないと、もう一度、すべて作り直しってことになるだろ？工程の後の方で『歩留率』が悪くなっているから、それまでにかかった人件費や事務所の

第三章　粉飾決算という泥沼から抜け出して、再生する

賃料を無駄にしたことになるんだ。これは、総務や経理なんかの仕事でも同じなんだぞ」

美智子は自分の仕事を振り返って、少し自己嫌悪に陥っていた。同じ指示をまとめて全員に出せば効率がいいのに、一人一人に説明していたり、勝手に自分で書類を作って、完成してから現場の人と話し合いながら修正をしたり……そんな美智子の気持ちをよそに、大輔はひたすらしゃべり続けた。

機械のラインよりも、人間のラインの方が粗利益率がよくなる理由

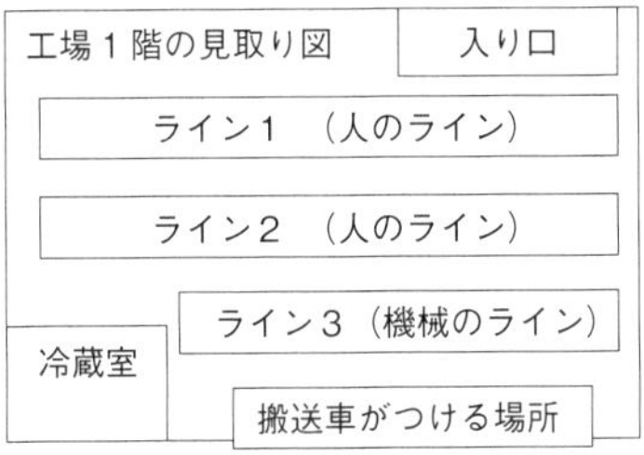

```
工場1階の見取り図    入り口
ライン1　（人のライン）
ライン2　（人のライン）
　　ライン3（機械のライン）
冷蔵室
　　　搬送車がつける場所
```
図⑰

「この『歩留率』よりも、もっと粗利益率に大きく影響するものがある。それがさっきの図⑯で言うと、『④機械ラインが少ない』ってところなんだ」

「機械ラインって……商品を作るための流れ作業を機械設備でやるってことでしょ」

「そうだ。で、花丸食品の工場のお弁当を作るラインは、確か人間のラインの方が多かったよな？」

「ええ、2階はおかずを作る機械だけが置いてあって、1階がお弁当を詰めていくラインだったはずよ。そこは、機械のラインが1本

そう言って、美智子はパソコンに入っていた工場の1階の見取り図を大輔に見せた。

「お父さん、この図が粉飾と何か関係あるの？」

「おおありだよ。機械の方が仕事も早いし正確で、ラインも短くて作業の効率はいいんだ。逆に人のラインが多いと、それだけ手作業が多くなって、製造の効率は悪くなる」

「えっ！ 長く働いているパート社員が多いはずだから、熟練で仕事は早いんじゃないの？」

「人間が並んで順番に仕事を行うライン作業では、一人の効率がよくてもスピードは速くならない。それどころか、その中で一番仕事が遅い人に合わせられてしまうんだ。もちろん、工場長が管理をして、チームワークがよくなるように指示はしていると思うけど、人間は体調もあるし、いつでもやる気があるわけじゃないからな。機械なら人間関係に悩むこともないし、失敗も少ないから、『歩留まり率』がいいんだよ」

「じゃ、なんで、花丸食品はすべてのラインを機械にしないの？」

「受注量が足りないのさ。主力の商品はお弁当だから、午前中と夕方が工場としては一番忙しいはずだろ？ でも、それ以外の時間の受注がないから、きっと暇なんだ。そこに機械を投入してしまうと、1日中、『減価償却費』が発生するし、動かさなくても壊れたり、古くなって取り替える必要が出てきてしまう。それで、人間のラインの方が粗利益率が大きくな

第三章　粉飾決算という泥沼から抜け出して、再生する

「そっかぁ、受注量が少なくて機械を使っている時間が短いと、商品1個当たりに割り当てられる減価償却費が、高くなっちゃうのね」

「それに、機械は融通も利かないんだ。サンドイッチを作る機械はサンドイッチしか作れないし、おにぎりを作る機械はおにぎりしか作れない。でも、パート社員なら、別のラインに移動してハンバーグを作ることもできるし、お弁当を運ぶ係りに回すこともできる。午前中だけに限定すれば人件費を削ることだってできるだろ」

「この間、工場を見に行ったときも、真ん中のラインは、休んで誰もいなかったわ」

「ただ、今のライン作業を止めて、パート社員の配置を変えることを『段取り作業』って言うんだが、これが多いとやはり無駄な時間を使うことになって、その時間の人件費が『粗利益率』を圧迫してしまうんだけどね」

「そうだ!」

美智子はそう言うと、資料の中から固定資産台帳を取り出して、父に手渡した。

「工場の片隅に使っていない機械設備が置いてあったわ。それって、除去したという処理がないと『粗利益』が大きくなるから、これも粉飾決算って言えるわよね?」

「うーん、確かにそうなんだが、機械って分解して一部だけをくっつけて使ったり、改造したりするからなぁ。本当に使っている機械設備だけを固定資産台帳とピッタリ合わせるのは

183

おにぎり 100個	
変動費	固定費
お米 1000円	人件費 1000円
	減価償却費 1000円
	水道光熱費 1000円

おにぎり 200個	
変動費	固定費
お米 2000円	人件費 1000円
	減価償却費 1000円
	水道光熱費 1000円

おにぎり 1個当たりの原価
お米 10円
人件費 10円
減価償却費 10円
水道光熱費 10円
合計 40円

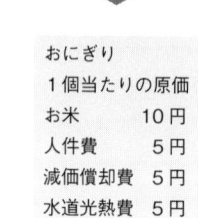

＞

おにぎり 1個当たりの原価
お米 10円
人件費 5円
減価償却費 5円
水道光熱費 5円
合計 25円

工場で大量生産すると、おにぎり1個当たりの原価が下がる

図⑱

難しいんだ。状況証拠だけでは、粉飾って言えないと思うな」

「じゃ、それは無視したとしても、『④機械ラインが少ない』のに、浜口食品に比べて『粗利益率』が大きすぎるっていう結論は変わらないんでしょ？」

「そうだな……でも……もしかしたら……もうひとつだけ検証したいことがある。実は、粉飾をせずに、この粗利益を大きくする方法があるんだ」

「えっ？ そんなことができるの？」

「決算日の直前にお弁当を大量に作るだけで、『粗利益』が大きくなってしまうんだ」

美智子はそれを聞いても、なんとなく理解できないような顔をしていた。

「でもそれって、お弁当を余計に作るって

第三章　粉飾決算という泥沼から抜け出して、再生する

ことでしょ？　それなら、材料を余計に使うから、粗利益が小さくなるんじゃないの」
「いや、材料費って『変動費』だろ？　商品が売れたら、それに比例して『売上原価』にな
るだけで、売れ残ったら在庫の『棚卸資産』の一部として計上されるんだ。でも、おにぎり
を作る時の工場の機械の『減価償却費』や、『水道光熱費』はどうなる？」
「うーん、おにぎりを１００個作るのも２００個作るのも、機械の減価償却費はまったく同
じだし、工場の電気代や水道代も、それほど変わらないと思うわ」
「それだけじゃない。働く社員の『人件費』だって、そんなに急激には増えないだろ」
「まぁ、忙しいのが一週間ぐらいならアルバイトは雇わないだろうし。その間だけならば、
いつもより大量に作っても、みんなで一生懸命がんばれば乗り切れるわね」
「そこがポイントなんだ。商品を大量に作っても、『減価償却費』、『水道光熱費』、『人件
費』などの『固定費』は同じだけ発生する。そうすると、作っている商品が多ければ、１個
当たりに固定費が薄くばら撒かれることになる。つまり、商品１個当たりの原価が下がるだ
ろ。そうすれば、同じ売上でも売上原価が下がるから、粗利益は大きくなるんだ」
「お父さん、ちょっとだけ疑問があるんだけど、もともとスーパーやコンビニが花丸食品の
『粗利益』を大きくしてあげるために、決算日の直前に、大量に商品を発注するなんてこと
はないと思うんだけど？」
「そうだ。だから、大量に作った商品は、決算日のすぐあとに他の小売店に激安価格で売っ

てしまうか、最悪な場合には捨ててしまうんだ。冷蔵室にも入りきらないからな」
「商品を大量に作って、『粗利益』を増やしていれば、確かに決算書をいじった粉飾にはならないわね。でも、それって会社のお金を捨てているのと同じでしょ？ 結局、お弁当を大量に作ることも、『棚卸資産』を増やして粉飾していることも、利益を大きめに計上したっていう結論に変わりないわよ。どちらも、やっていることは最悪よ」
「製造業なら、多かれ、少なかれ、生産調整はやっているんだ」
「でも、商品を捨てるほど作っていたら、私は、やっぱり粉飾だと思うけど」
「まぁ、まぁ、いいじゃないか。とにかく、棚卸資産の台帳を見てみようよ」
大輔はパソコンから台帳を探し出し、前期の決算日あたりの数字をチェックし始めた。
「どうなの？ お父さん」
「うーん、決算日の直前に大量にお弁当を作った形跡はないなぁ。もともと、資金繰りに余裕がないとできない方法だしな。でも、これでいくらか分からんが、花丸食品の社長が、『棚卸資産』をいじっているってことは確定したか。やっぱり、粉飾していたんだ……」
大輔はそう言うと、すごく悲しい顔をした。それを見て、美智子は胸にひっかかっていたものがとれた気がした。
「お父さん、もしかして、決算日の直前に大量生産していないかって、花丸食品の社長が粉飾をやっていないかって、信じてあげたかったの？ だから、決算日の直前に大量生産していないかって、確かめたのね」

第三章　粉飾決算という泥沼から抜け出して、再生する

「コンビニのお弁当は便利だから、みんなが食べている商品じゃないか。そりゃ、よりおいしくて、より安くて、それでいて安全であることに越したことはないよ。コンビニだって、サラリーマンや学生、そして、おじいさん、おばあさんまでもが喜ぶ商品を売りたいって思っている。でもそれは、製造会社がすべての重荷を背負い、粉飾するところまで追い詰められて、その犠牲がなければ成り立たないなんて、あまりに悲しい結末だろ」

美智子は父親がこんなことを言うのを聞いて、心から驚いていた。

人件費の粉飾は、子会社を作ることから始まる

「さて、気を取り直して、そろそろ粉飾の最後の手段、『人件費』を見ていくか」

大輔はそう言うと、両手を大きく上に挙げて軽いストレッチを始めた。

「お父さん、ちょっとその前に、結論の図を見てから、素朴な疑問があるんだけど？」図16

「なんだい？」

「さっき、花丸食品の『貸借対照表』には、2年前に倒産したスーパーの『売掛金』が計上されていたでしょ？でもなんで、回収できない『売掛金』を『貸倒損失』という経費にしないで、さらには、『棚卸資産』まで増やして粗利益を大きくしているのかな？そんなことしたら、利益が大きくなって、法人税が増えちゃうでしょ？　花丸食品は5億円もの借入

金の返済が大変なはずなのに、支払う税金を増やすなんておかしくない？」

「確かにね。美智子の考えは間違ってはいない」

大輔は首をぐるぐると回しながら、美智子の話を聞いていた。

「私ね、今まで『粉飾決算』っていうのは、会社が税金を支払わないように利益をごまかして削ることだと思ってたの」

「もちろん、儲かっている会社が脱税するための粉飾決算も存在しているよ。でも、今回は、儲かっていない会社がやっていた粉飾なんだ」

「じゃ、儲かっていない会社が、みんなこんな粉飾決算をやるってことなの？」

「それは違うよ。製造業である花丸食品のビジネスモデルが、銀行から借りたお金で、土地を買って工場を建設して、お弁当やレトルト食品を作る機械設備という『固定資産』を買い続けなくてはいけないというものだからさ」

「銀行からの借入金で『固定資産』に投資して、それで、たくさん商品を作って売ることで儲かった利益から、返済していくってことね」

「そのとき、固定資産の減価償却費の耐用年数よりも、銀行への返済期間の方が絶対に短くなる」

「確かに、工場の土地は減価償却もしないしね」

「だから、製造業は税金を支払って、借入金を返済するしかないんだ。特に、工場の建物の

第三章　粉飾決算という泥沼から抜け出して、再生する

減価償却費や水道光熱費って、固定費だったろ。だから、性能のよい機械設備をドンドン増やして大量生産できれば、商品1個当たりの原価が下がって儲かることになる」

「製造業は、税金を支払わなくては、儲からないビジネスモデルってことなのね」

「花丸食品も、他の製造業と同じで、ずっと設備投資をしてきたんだよ。でも、途中から商品の価格競争や材料費の高騰に巻きこまれて、利益が出なくなったんだなぁ。決算書の数字が悪くなると、今度は銀行がお金を貸してくれないし、もし貸してくれたとしても短期になるだろ。返済期間が短くなると、支払う税金がさらに大きくなって、お金がないから、新しい設備投資ができなくなる……」

「うわっ……抜け出せない悪循環になるわね」

美智子は、同じ製造業の会社を経営する父親の苦労を考えて、少し気の毒に思った。

「花丸食品の場合は、取引先も大手スーパーが多かったし、なによりコンビニに販路を持っていたから、突然、売上が激減することはなかったはずだ。おそらく、毎年、少しずつ苦しくなっていったんだろうなぁ」

「なんか……生き地獄みたいな感じね」

「ああ、真綿で首を絞められるような毎日だったんだと思うよ。花丸食品の社長は人柄もよかったから、粉飾することに対しても、心苦しかったはずだ」

「でも、粉飾して銀行からお金を借りることは、悪いことなんでしょ?」

189

「もちろん、犯罪だよ。でも、長年、会社を経営してきて、一緒に働いてる社員もいる。その中で、やっぱり倒産させるという意思決定はできなかったんだろう」

「……」

美智子は黙ってしまった。確かに粉飾は悪いことだが、花丸食品の社長の「粉飾」という決断は、苦肉の策だったのかもしれない。

「花丸食品の社長の気持ちは分からんでもない。だが、このままでは買収した浜口食品も共倒れになってしまう。俺も社員を守らなきゃいけない立場だ。なんとしても、花丸食品を立ち直らせなくてはいけない。そのためにも、現状を把握しないとな」

大輔のその言葉に、美智子は父親以上の頼もしさを感じて、あえて明るい口調で場の雰囲気を切り換えた。

「次は、『人件費』だったわよね。えーっと、さっきの結論の図を見ると、『⑤人件費を減らす』……これなら利益は増えるわね。でも、それって、見抜くのは簡単じゃないの？ 実際に支払っている給料の合計と決算書の人件費を比べればいいだけでしょ？」

「いやいや、今どき給料は銀行の振込だろうから、そんな簡単な粉飾はできないよ。それよりも、さっきの『製品原価報告書』の中で、『外注費』って項目の金額が異様に大きくないか？」

「3億円という外注費は花丸食品の会社規模から考えれば異常ね。でも、うちの浜口食品と

第三章　粉飾決算という泥沼から抜け出して、再生する

同じで、自分達だけで作りきれない分を、他の食品会社に外注しているんじゃないの？」
「いや、花丸食品の場合、機械ラインが少なかったぐらいだから、そんなに受注があふれていることはないだろう。これは、おそらく別会社を作って、そこで社員を雇用して自分の工場に派遣する方法だろう。それを外注費として決算書に計上しているんだと思うぞ」
「えっ？　なんでそんな面倒なことをするの？」
美智子は怪訝な顔をして質問を父親に振ったが、大輔はそれには回答せず、決算書から支払っている会社名を見つけて、それをノートパソコンに打ち込んで検索し始めた。
「ほらな、やっぱりあったよ。花丸食品の取締役が株主になって、別会社を作っている。おそらく、この会社で社員を雇って、花丸食品の工場に派遣していたんだろうな」
「でも、なんで……そんな面倒臭いことをしているの？」
美智子は、取締役の一人が、いつも隠れて銀行に行って給料を支払っている姿を見て疑問に思っていた。自分は取締役連中から疎外されていると思っていたが、実は別会社を運営していることが不信に思われることを恐れて、コソコソしているだけだったのだ。
「美智子、この会社の設立年月日を見てみろよ。2年前の設立だろ。おそらく、2年以上前には、さらに別会社が存在していたんだと思うぞ。ほら、この会社の決算書を見てみろ」
大輔は手元にあった、この子会社の決算書を美智子に見せた。
「法定福利費という項目もないし、消費税も納めていないだろ？」

「ほんとだ！」
「この子会社は、社員を社会保険に加入させていないし、2年ごとに会社を作り変えているから、消費税だって支払わなくてよくなる。資本金が1000万円未満の会社は、最初の2年間は消費税を納めなくていいんだ」
「ええー、それって大問題でしょ！」
「そうだな。法人税はお金を借りるために多く支払ってるけど、それ以外はできるだけ支払わないようにしているってわけだ。これはすぐに花丸食品の役員と話をして、社員の雇用契約を変更しないといけないな。でもこれで、花丸食品はこの人件費に対応する10％の社会保険料と5％の消費税で、合計15％の経費を追加で負担することになるなぁ」
「今の外注費が3億円だから、それに15％の経費が追加されるとなると……うわっ、年間で4500万円も支出が増えるんだぁ」
「ここまでやっているとなると、花丸食品の粉飾は予想していた以上に重症だな」
「今からでも、決算書の項目をひとつひとつ修正して、正しい利益を計算しないと……はぁー、これは想像しただけでも、大変な作業になるわ」
「いや、それをやっても意味がないよ。ここまで何年にも渡って粉飾していると、決算書を修正することは諦めるしかない。それに社長も死んじゃったんだし、真相は闇のままさ」
「じゃ、どうするのよ」

第三章　粉飾決算という泥沼から抜け出して、再生する

フリーキャッシュフローがプラスなら、救える可能性が残る

大輔は、興奮する美智子の両肩に手を置き、ゆっくりと話し始めた。

「いいかい、美智子。粉飾を暴くことも大切だが、それ以上に、今後、どうやって会社を立て直していくかの方が重要なんだ。それに、俺としては、粉飾を社内で公にして、死んだ社長に汚名を着せたくない。そして何より……残された家族が、かわいそうだ」

美智子は黙って、大輔の目を見つめていた。

「決算書はもう修正しなくていいから、うちの会社が花丸食品にいくらのお金を突っ込んでリスクを取り、どのくらいのリターンを回収できるかに次の焦点を当てよう」

「浜口食品としては、投資したお金以上に回収できればいいってこと?」

「そうだ。『ハイリスク・ローリターン』じゃ救えないけど、『ハイリスク・ハイリターン』ならば、やるべきことを間違えなければ大丈夫だろ。その判断だけは先にしておかないとな」

「結果によっては、救えないって判断もあるんだ……」

「ビジネスはシビアだからな。でも、それは最悪の場合で、あくまで救うことが大前提だ」

「でも具体的に、決算書が信用できない現状で、何をすればいいの?」

「『キャッシュフロー計算書』を作ればいいんだ」
「キャッシュフロー……計算書?」
「決算書と言えば、会社の財務状況を表わす『貸借対照表』、利益を計算する『損益計算書』、それに会社のお金の動きを表わす『キャッシュフロー計算書』の3つを指すんだ」
「資金繰り表とは違うの?」
「資金繰り表っていうのは、毎月の収支を計算するだけだろ。キャッシュフロー計算書は、このビジネスで、どのくらいのキャッシュが生まれているかを計算するんだ」
「あっ、確か、キャッシュフロー計算書も作っていたと思うわ。ノートパソコンにデータとして保存されているはずよ」
「いや、『貸借対照表』も『損益計算書』も粉飾だったから、キャッシュフロー計算書に も、何か細工をしているかもしれない。それよりも自分達で作った方が早いし、正確だよ。『貸借対照表』と『損益計算書』から数字を引っ張ってきて、数式に当てはめるだけで簡単に作れるしね」
「でも、決算書が粉飾されていたんだから、正しいキャッシュフロー計算書は作れないわ」
美智子は、トーンの落ちた声で大輔に質問した。
「そんなに難しく考えなくていいよ。いいかい? 例えば、『貸借対照表』に『売掛金』が計上されると、『損益計算書』はどうなる?」

第三章　粉飾決算という泥沼から抜け出して、再生する

「『損益計算書』には、売上が計上されるわ」

「その売上って、将来のキャッシュを増加させる項目だろ？　もし、この『売掛金』が貸倒れると、どうなる？」

「そりゃあ、将来、入ってくる予定のキャッシュが減少するわ」

「そう、予定の金額が減少するんだ。つまり、『貸借対照表』と『損益計算書』っていうのは、そもそも『会社の将来に対する予想』が入っているものなんだよ。この予想がウソだったり、間違っていると、粉飾になるんだ」

「そっかぁ、『貸借対照表』や『損益計算書』自体に書き込まれている数字は、キャッシュの入金や支出したあとの、確定したものじゃないってことなのね」

「決算書は、『発生主義』で作成されているからな」

「粉飾はあくまで将来に発生する予定の数字をいじっているだけであって、過去のキャッシュに裏づけされた数字はいじれないってこと？」

「そういうことだ。過去のキャッシュの動きには『予想』が入らないからな。いくらなんでも、通帳の入金や出金までは、ごまかせないだろ」

「なるほど！　つまり、回収できない売掛金があっても、もともと過去のキャッシュは増えていないし、棚卸資産を過大にしても、材料を仕入れるための支払いは必要だから、すでに過去のキャッシュはマイナスになっているのね」

「そして、そのキャッシュは何が原因で入ってきて、どこに支払うかで色をつけて区分したものが、『キャッシュフロー計算書』になるんだ」

大輔はそう言うと、紙にキャッシュフローの数式を書き始めた。

キャッシュフロー ＝ フリーキャッシュフロー ＋ 財務キャッシュフロー

フリーキャッシュフロー ＝ 営業キャッシュフロー ＋ 投資キャッシュフロー

営業キャッシュフロー ＝ 税引前当期純利益 － 法人税 ＋ 減価償却費
　　　　　　　　　　　－ 増えた売掛金の額 ＋ 増えた買掛金の額
　　　　　　　　　　　－ 増えた棚卸資産の額

投資キャッシュフロー ＝ 設備投資を行った額

財務キャッシュフロー ＝ 借入金の元本を返済した額

「お父さん、まずは、『キャッシュフロー』の意味を教えてよ」

「『キャッシュ』は、そのまま会社が持っている現金と通帳の預金残高のことなんだ。これに『フロー』がつくから、動きって意味になる。つまり、現預金の動きってことなんだ」

「ふーん、じゃ、キャッシュフローって、単純に今期と前期の『貸借対照表』の現金と通帳の預金残高の差額を表わしているだけなのね。それなら、計算するまでもないわ」

「だからこそ、それを3つの会社の活動に分解する過程が重要になるんだ。まず、『キャッ

第三章　粉飾決算という泥沼から抜け出して、再生する

「シュフロー」はビジネスからの純粋な現預金の増減を表わす『フリーキャッシュフロー』と、銀行からの借入金などで増減した現預金を表わす『財務キャッシュフロー』に分けられる」

「『フリーキャッシュフロー』がプラスなら商売としてはうまくいってるってことなの？」

「そうだ。次に、『フリーキャッシュフロー』は、会社の経営活動の中で生まれる『営業キャッシュフロー』と機械設備などへの投資を表わす『投資キャッシュフロー』に分けられる」

「これで、『キャッシュフロー』が３つに色分けされたってことね」

「正常な状態であれば、『営業キャッシュフロー』で儲かったお金を、『投資キャッシュフロー』で使うことになるんだ。つまり、お弁当を作って売って儲かったお金で、新しい機械を買うってことさ」

「それでも余ったお金があれば、銀行に返済するってことね。でも、お父さん、『フリーキャッシュフロー』がマイナスだと、どうなるの？」

「そうだな。もし、花丸食品の『フリーキャッシュフロー』がマイナスなら、銀行への借金５億円の返済が１円もできないどころか、さらなる資金調達が必要になる」

それを聞いて、美智子は花丸食品の決算書を見ながら、おそるおそる電卓を叩き始めた。

「あっ、フリーキャッシュフローは一応プラスだわ！」

「よかったな。さっきの増える社会保険料と消費税を差し引いても、年間4000万円ぐらいのフリーキャッシュフローはあるんだ。でも、借金の返済期間は、あと残り5年しかないのか……こりゃ大変だな」
「ねえ、お父さん、ひとつ聞いてもいいかしら？　花丸食品は、本当に銀行から借りた5億円を、機械の設備投資に使ったのかしら？」
「それは、この固定資産台帳を見れば分かるよ。ほら、3年前に買った機械設備が大きすぎるんだよ。これは2階の機械なんだろうけど、フル稼働していないんだろうなぁ。それでも、フリーキャッシュフローがプラスにはなるだけの受注量はあるってことか」
「でも、この5億円の借金を5年間で返済するとすれば、年間4000万円のフリーキャッシュフローじゃ、まったく足りないわ。ざっくり計算しても……」
美智子は再び電卓をパチパチと叩いた。
「浜口食品は花丸食品にあと3億円は突っ込まないとダメね。でも、それを上回るリターンなんてあるかしら。それに浜口食品だって3億円を使ったら、資金繰りが苦しくなるわ」
美智子は少し青ざめた顔で父を見た。しかし、父はニコリと笑うと、自信を持った力強い口調で話し始めた。
「なぁに、このくらいは想定内だよ。それに現預金を増やすアイデアも浮かんだぞ」

第三章　粉飾決算という泥沼から抜け出して、再生する

節税と会計のテクニックを使いこなせ

大輔は紙に大きな文字で3つのことを書き出した。

> ① 節税のテクニックを使って、会社が使えるお金を増やす
> ② 会計のテクニックを使って、決算書の利益を増やす
> ③ ビジネスモデルを変えることで、現実の売上と利益を増やす

「会社を再生させるときには、この3つの方法を考えるのが一般的なんだ」
「お父さん、会社の再生なんてやったことあったの？」
「本の受け売りだよ」
言い訳をすると怪しまれると思い、北条が乗り移った大輔は表情を変えずに、サラリと言った。
「しかも、この3つは手のつけやすい順番から並んでいるんだ」
「ええと、①の節税が、一番すぐにできるってこと？」
「もう花丸食品は銀行に『ウソ』をつく必要がないだろ？　浜口食品という後ろ盾があるからな。決算書の数字を銀行にもとに戻すことで、今までの『ウソ』が経費として計上される」

「えっ！　そんなことをしたら水増しした利益が減って、逆に経費が増えちゃうじゃん！」

「利益が減れば、無駄な税金を支払わなくて済むだろ。節税した分だけキャッシュが増えて、会社の再生のために使えるんだ」

「あっ、そっか！　じゃあ、具体的にはどうすればいいの？」

「花丸食品を清算する」

「ええー！」

美智子は座っていたベッドから思わず飛び跳ねた。

「せ、清算って……潰しちゃうってこと？」

「いやいや、潰すわけじゃない。花丸食品の『貸借対照表』から、銀行の借入金５億円と同じ金額の工場や機械などの資産を拾い出して、５億円で買い取るんだ。それで、花丸食品は、浜口食品から入ってくる５億円で、銀行への返済ができるだろ。移さなかった買掛金は、残った売掛金の入金で相殺できるはずだ。社員は、浜口食品で同じ条件で雇うよ」

「そうすることで、どういうメリットがあるの？」

「花丸食品には浜口食品が貸した借入金５０００万円が残っているだろ？　そのまま清算すれば、この５０００万円の貸付金は浜口食品の『貸倒損失』になるし、浜口食品が保有している５０００万円の花丸食品の株も償却できることになる」

「資金繰りが詰まっていることは事実だものね。だから、貸付金が回収できないことや株が

第三章　粉飾決算という泥沼から抜け出して、再生する

紙くずになるのは、おかしくないわ」

「これで、合計1億円が浜口食品の経費になるだろ。法人税が40％とすると、4000万円の節税になるんだ」

「でも、浜口食品から5000万円を借りていた花丸食品側では、利益になるんじゃない？」

「それは、粉飾で発覚した架空の売掛金1億円を経費に回せばいい。棚卸資産も水増ししていたはずだから修正すれば、5000万円が利益になっても、今年の浜口食品の最終的な利益はゼロになるはずだよ」

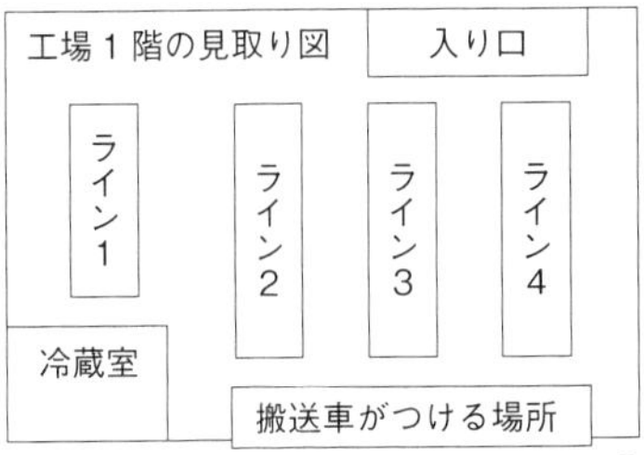

```
┌─────────────────────────────────┐
│ 工場1階の見取り図  │  入り口      │
│                  ├──────────────┤
│  ┌──┐ ┌──┐ ┌──┐ ┌──┐           │
│  │ラ│ │ラ│ │ラ│ │ラ│           │
│  │イ│ │イ│ │イ│ │イ│           │
│  │ン│ │ン│ │ン│ │ン│           │
│  │1 │ │2 │ │3 │ │4 │           │
│  └──┘ └──┘ └──┘ └──┘           │
│ ┌────┐                          │
│ │冷蔵室│  搬送車がつける場所      │
│ └────┘                          │
└─────────────────────────────────┘
```
図⑲

「まぁ、今まで『ウソ』の利益で税金を余分に支払ってきたんだから、当たり前か」

「問題は、花丸食品の資産を買い取るための5億円の調達方法なんだが……これはうちのメインバンクに頼めば、10年間の返済条件で貸してくれると思うんだ。花丸食品の5年間の返済条件に比べれば、資金繰りはすごく楽になる」

「えー、でも、それって、返済を5年間だけ引き延ばしたことで支払う利息は増えるから、やっぱり苦しいのは変わらないんじゃない？」

「そんなことは分かっているよ。だから、次の②で花丸食品の利益を増やして、もっと儲かるようにするんだ」

「そんなことが、簡単にできるの？」

「花丸食品のラインを機械に変えて、効率を上げればすぐに粗利益は上がるさ。この機械はリースを組めばいいだろう」

大輔はそう言って、図を書き始めた。 図⑲

「今の工場の図と見比べてごらん。横のラインを縦にすれば、もう1ライン増えるだろう？ 機械のラインにすれば短くてすむから、縦でも十分なんだ」

「でも、ラインを増やしてどうするの？」

「浜口食品のお惣菜を作らせようと思う。うちは今、工場の生産能力がいっぱいで外注している分があるからな。それをこっちに持ってくれば、生産量が上がるから工場の固定費が分散されて、花丸食品の商品もうちの商品も1個当たりの原価が下がることになる。それに、花丸食品が3年前に導入したはずだから、ムダに性能はいいはずだ。新しい機械のリース料をコンビニに言われて導入した2階の機械の余力もフルに使ってやるさ。どうせ、スーパーやコンビニに言われて導入した2階の機械の余力もフルに使ってやるさ。どうせ、スーパーやコンビニに言われて、今度こそ本当に、粗利益率30％が達成できそうだろ。それで、『フリーキャッシュフロー』を計算すると……」

今度は美智子に変わって、大輔が電卓を叩き始めた。

「ほら、年間4000万円だったのが、2倍の8000万円ぐらいになっただろ。10年間で返済するなら、金利を考えても5億円の返済で十分おつりがくる。それで、さらに新しい機械を買うんだ」

「お父さん、すごーい！これなら、花丸食品の買収は成功したって言えるわね」

美智子は、やっと肩の荷が下りた気がした。

ビジネスモデルを改善するには、時間がかかる

「美智子、まだ終わっていないぞ。③のビジネスモデルの変更が残っているだろ。これが一番、重要なんだ。他の2つはテクニックでしかないからね」

「テクニックだって重要なんじゃないの？」

「そりゃ、知っているテクニックをすべて実行するのは当然だよ。そんな当たり前のことすらできなければ、絶対に競合会社には勝てないからな。ただ、ビジネスモデルを変えるためには、テクニックではなく、アイデアが必要になるんだ」

「お父さんは、花丸食品がすごーく儲かるアイデアがあるってことなんだ」

「そんな一発逆転のアイデアはすぐに思いつかないよ。ただ、1つでも、2つでも、アイデアを出して、少しずつ売上と利益を増やす努力をするんだ。時間をかけて少しずつ競合会社

と差をつけていくことが、最終的に大きな差になる。浜口食品だって、お前が生まれる何十年も前から、少しずつ他社と差別化してきたんだぞ」

「じゃあ、そのお父さんが得意とする差別化を教えてよ！」

美智子は、ワクワクしながら身を乗り出した。

「浜口食品はスーパーとデパートに商品を卸すことができても、コンビニには1アイテムも商品が並べられていないだろ？そこで、花丸食品が持つコンビニへの販路を使って、お弁当以外の商品を卸すように交渉するんだ。まぁ、コンビニはうるさいから、うちの工場の衛生管理をチェックしたり、商品の試食も必要だろう？さらには、パッケージをコンビニ用に変えたりするから時間もかかる。ただ、うちは商品に自信があるし、今までの実績もあるから、逆に助言して、コンビニに合った商品を一緒に開発してやるさ」

「分かった！お父さん、うちの看板商品のコロッケをコンビニに投入するんでしょ」

美智子がそう言うと、お父さんは『正解』と笑って、話を続けた。

「あのコロッケは、いつもテレビ番組のデパ地下特集で放映されている人気商品だ。これが近所のコンビニでも買えるようになってみろ、バツグンの集客のネタになるし、相乗効果でうちの社名も全国区になる」

「あのコロッケなら大丈夫よ！私の友達が食べても、みんなおいしいって言うもの。でも、お父さん、これは、浜口食品が儲かるアイデアでしょ？」

第三章　粉飾決算という泥沼から抜け出して、再生する

「花丸食品が儲かるアイデアだってある。今まで、コンビニやスーパーから指定された取引業者から材料を買っていただろう？　あれをうちが使っている取引業者に切り換えるんだ」

「それで、大量に仕入れることで原価を下げるんだ」

「まぁ、すでに業者はギリギリの値段だから、それほど下がらないだろうな。それより、小売側から指定された業者の材料を使って製造して、商品を卸していると利益率がガラス張りだろ？」

「あっ、そうね！」小売側がすべての情報を知っていたら、『オマエのところの利益率はこのくらいで十分だろ』って、商品の価格の交渉ができなくなるんだ」

「今は単なる製造請負になっているんだ。それを防ぐためには、できるだけ材料の仕入先の選定も含めて、こちらでやってしまうんだ」

「でも、小売側がそれを許さないんじゃないの？」

「そうでもないんだ。彼らとしても、面倒臭い手続きだから、こちらから提案すれば意外と認めてくれることも多い。食材は安全性の問題があるけど、パッケージなんかは、どこから仕入れても変わらないだろ？　それで、２年後ぐらいに花丸食品が作っている商品の中で利益率が低いやつは入れ替えさせるか、価格を上げるように提案するんだ」

「そっか！　そのときには、小売側は製造会社の利益率が分からなくなっているから、こちらの提案を呑まざるを得ないってわけね」

「その時には、コンビニに販路を広げた浜口食品の知名度が上がっているはずだから、今より断然高い利幅を提案しても、大丈夫そうだしな」
「すごい！　これだけやれればもう大丈夫よ、お父さん！」
美智子は大輔の手を握ると、飛び上がって喜んだ。浜口大輔に乗り移っている北条も、娘の恭子と美智子がだぶったのか、自分の娘と喜びを分かち合うかのように喜んだ。
少しすると、美智子がまじめな顔になった。
「お父さん……私、お父さんにもうひとつ、言わなくてはいけないことがあるの」
美智子は急に神妙な顔つきになって話し始めた。
「それは……美智子が自分で決めたことなのか？」
ち着いたら、お父さんの会社を辞めて、自分の可能性にかけて起業してみようと思うの」
「私……実は、前から友達に起業しないかって誘われているの。今回の花丸食品の一件が落
「私、今まで自分ばっかり運が悪いって思ってたけど、運は他人から与えられるんじゃなく、自分の頭で考え、努力して切り開いていくものなのだって、やっと分かった気がするの」
北条が乗り移った父の大輔は、目をつぶって天を一回仰ぐと、大きな深呼吸をしてから、やさしく話し始めた。
「いいんじゃないかな。それが美智子の一番やりたいことだったら、喜んで応援するよ」
「ホントに！　じゃあ、早速、友達の陽菜に連絡を入れるね」

第三章　粉飾決算という泥沼から抜け出して、再生する

美智子はそう言うと、急いで携帯電話を握り締めて自分の部屋を出て行った。それと同時に、頭上からアドバイスの終了を知らせる鐘の音が鳴った。

カランコロン！　カランコロン！「はーい！　時間いっぱいでーす！」

一番難しいのは、自分を乗り越えること

Kと北条は、浜口の住むマンションの屋上で腰を下ろして街の明かりを眺めていた。夕飯時のせいか、住宅街の夜景は明るく、家族の賑やかな笑い声が聞こえてきた。北条は風に吹かれて乱れる髪を整えながら、ボソリと言った。

「花丸食品の社長って、銀行と電話で話している時にポックリいっちゃったんだろ？　銀行側が粉飾決算に気づいて、『もう金は貸せない』とでも詰め寄ったのかな……でも、なんで、浜口食品の社長は花丸食品なんかを買収したんだろう？」

「なにか疑問でも？」

「浜口大輔ぐらいの人物なら、買収前に工場も視察しているし、花丸食品の資金繰りが苦しかったことぐらい、買う前に気づいたはずだと思うんだ」

「ええ、浜口大輔さんは、そのことはよーく知ってましたよ」

「なんで、Kがそんなこと知っているんだよ」

207

「私が、花丸食品の社長さんを天国まで連れて行ったからですよ」
「えっ、ホントなのか？ということは、何か花丸食品の社長から聞いているのか？」
「ええ、花丸食品の社長は、生前から何度も『俺に何かあったら頼む～』って、浜口さんに言ってたんですって。だって、社長が死んだら花丸食品の借金の連帯保証は、そのまま、奥さんと娘さんに引き継がれてしまいますからね。それに……」
「それに？」
「浜口食品が花丸食品の買収金額として支払った5000万円は、後妻と娘が支払った相続税とピッタリ同じ金額なんですよ」
「はははは、なるほどね。浜口大輔って見かけによらず、男気あることするんだなぁ」
「だからこそ、あんなに美味しいコロッケが作れるんだと思いますよ」
一瞬、北条はポカンと口をあけたが、すぐにゲラゲラと腹を抱えて笑い始めた。
Kがそう言ったところで、携帯電話の呼び出し音がけたたましく鳴った。Kは社交辞令的な挨拶を二言三言繰り返すと、お辞儀を何度もしながら電話を切った。
「今、天国の未来局から電話がかかってきて報告がありましたよ。これで三人目もクリアですね」美智子さん、5年後には友達との起業がうまくいって『幸せ』と認定されましたよ。これで三人目もクリアですね」
北条は目を細めてニコリと笑うと、再び街の夜景に目をやった。最後の土壇場で、なぜ美智子さんの起業を応援することにし
「ひとつ聞いていいですか？

第三章　粉飾決算という泥沼から抜け出して、再生する

たんですか？　輸入食器の販売ビジネスは失敗するって断言してたじゃないですか。もし起業に失敗していたら、美智子さん『不幸』と認定されたかもしれないんですよ」

「彼女のあのときの顔を見て、『自分を乗り越える決意を持った』と感じたんですよ」

「確かに、スタートラインに立つってことは、『ゴール』になるためのスタートラインに立つってことができたんだってな。『幸せ』になるためのスタートラインに立つってことができたんだってな」

「その彼女にとっての『ゴール』って、父親を見返すことでもなく、きっと『今の自分の殻を破ること』なんだって思ったんだ。今までの自分を変えるという『決意』をした時点で、『絶対に幸せになれる』って、俺は判断したんだよ」

「人によって、目指すべき『ゴール』が違うってことなんですね」

「だから、他人と自分のどちらが『幸せ』かなんて比べても意味がないんだよ。重要なのは、自分の『ゴール』を見つけて、それに向かって走る意志を持つことなんだ。Kだって、天使になる前は、現世で自分の『ゴール』に向かって突っ走っていたことがあるんだろ？」

北条がそう言うと、天使は細い目をさらに細くして笑いながら答えた。

「現世に関しては……記憶がないんです。『天使』という職業についた段階で、過去の記憶は消されて、今現在の記憶しか残されないルールになっているんですよ」

「じゃあ、現世で生きている頃は何をやっていたのか、さっぱり記憶がないんだな……なん

209

「そんな寂しい話だなぁ」

北条は申し訳ない気持ちになり、だんだんと声が小さくなっていった。しかし、Kは「そんなことは気にしないで下さいよ」と笑いながら北条の肩を叩くと、再び話を続けた。

「今のこの身体は、天使としてお務めするための仮の姿なんです。もちろん、変身する段階の記憶すらないので、自分が過去に動物だったのか、男性だったのか、女性だったのか、外人だったのか、そこらへんのことは分かりません。それに、それが分かったとしても、今の私の『天使』という仕事には関係ないですから」

「なるほどね。とりあえず、俺を一番死後の世界に連れて行きやすいように天国で作られた、『K』という『男の天使』が目の前にいるという事実しかないんだな。でも……なんで『女』じゃなかったんだろう？」

北条が首をかしげて考えていると、天使が笑いながら答えた。

「たぶん、天国に行った、奥さんの静子さんからの要望だったんじゃないですか？」

その言葉に、北条は「そりゃそうだ」と言って、思わず噴き出してしまった。

第四章

部長課長が同期との競争に勝って出世する方法

誰もいないオフィスで、営業部長の大塚修斗は、二人の課長を前に大きなため息をついた。

「前代未聞だぞ……社内で取っ組み合いの喧嘩なんて。原因はなんだ？」

「桜井が……私の二課の悪口を言ったからです」

口火を切ったのは、二課の藤島だった。藤島は理系の大学から、営業職を希望した「変り種」だった。部長の大塚は地味な仕事でも黙々とこなす藤島の性格を気に入り、自分が統括する二課の課長に抜擢して、今では大塚の直属の部下として仕事をしている。

「桜井、どうなんだ？ お前、本当に二課の悪口を言ったのか？」

「いえ、最初に難くせをつけてきたのは、藤島の方ですよ」

一課の桜井は、大塚の目をキッと睨むと、口を尖がらせて答えた。桜井は社長賞を「2度」も受賞する典型的な営業畑の課長だった。明るく上司にも好かれ、体育会系のさっぱりした性格は取引先からも評判がよく、社内外で認める「期待の星」的存在だった。

そんな会社の将来を背負う桜井は、自分よりも社長賞を三回も多く受賞した経験を持つ大塚のことを尊敬しており、また、大塚本人も自分とよく似た桜井のことをかわいがった。

出世頭の大塚の部下として桜井を配属する会社側もそのような二人の関係を考慮したのか、大塚の持つ営業ノウハウを面白いように吸収して、桜井もそんな会社の期待に応えて、売上の数字を急激に伸ばしていったのである。

第四章　部長課長が同期との競争に勝って出世する方法

おそらく、今回の社員食堂での取っ組み合いの喧嘩も、その売上の数字に天狗になってしまった桜井が、目標売上を毎月ギリギリでクリアしている二課の悪口を、藤島にポロッと言ってしまったのだろう。

そっぽを向き合う二人に対して、部長の大塚は話を続けた。

「我が社は知ってのとおり、国内でも5本の指に入る建築資材の商社だ。そして、うちの第一営業部は、その資材の中でもガラスに特化して販売を行う営業部隊になる。その中で、桜井課長の一課がマンションの中でも大手ゼネコンを担当し、藤島課長の二課が一戸建てを請け負う地方の中小建築会社を担当している。二人とも営業する相手もやり方も違うんだから、干渉し合うことはないだろ」

大塚自身も、この二人が性格的には合わないことは分かっていたが、水と油の関係だからこそ、お互いに長所と短所を補い合い、最強の営業部隊ができるのではないかと考えたのだ。二人の課長にそれぞれ10人ずつの部下を与えて、派手な営業活動が必要なマンション関連の仕事に、接待が上手い桜井を、地道な営業活動が必要な戸建て関連の仕事に、コツコツ型の藤島を配置した。

だが、二人はすぐにお互いをライバル視し始めて、それぞれの課は隣同士にもかかわらず、口も利かないような険悪な空気が流れていた。

さらに、電話が鳴っていても課が違うと取らなかったり、お互いの課同士のミーティング

213

も行わないため、コミュニケーション不足も発生して、お客への応対でミスを連発した。そして、とうとう、隣の課のことはいいから、それぞれの売上目標に向かって全力を尽くしてがんばってくれよ」
「とにかく、隣の課のことはいいから、それぞれの売上目標に向かって全力を尽くしてがんばってくれよ」
　そして、取っ組み合いの喧嘩にまで発展してしまったのである。
「でも、大塚部長。一課の営業方法は、本当に正しいんでしょうか？」
　藤島が、再び話をぶり返してきた。
「大手ゼネコンに対して、リベートを渡して営業ノルマを達成するやり方に、私は納得ができません。利幅が薄くなるし、会社にとって良策だとはとても思いません」
　藤島は前のめりで、大塚に訴えた。しかし、すぐに桜井が強い口調で反論してきた。
「いや、地方の小さな建築会社に、のんびり提案営業をしている方が、私は問題だと思います。企画書を作るのにも時間がかかるし、何度もミーティングをしていれば、人件費も無駄になります。実際に扱える件数も少なくなるから、二課の売上は伸びていないじゃないですか」
「だけど、二課のほうが確実に利益は取れている」
　藤島が言い返したが、かぶせるように桜井が話を続けた。
「営業はスピードとパワーです！　確かにリベートを渡すと利幅は薄くなるかもしれませんが、受注のスケールメリットでそれは相殺されています。まずは数字を達成してから、利幅

第四章　部長課長が同期との競争に勝って出世する方法

の大きい提案営業にシフトしていっても間に合うんじゃないでしょうか」
　二人とも自分の営業論を展開し始めて、また取っ組み合いになりそうな雰囲気になった。
「お前ら、ちょっと落ち着け！　桜井も藤島も、もう部下を10人も抱えた一人前の課長だろ？　もっとしっかりしてくれよ。こんな風にいがみ合っている二人の上司を見て、部下達のモチベーションが上がるはずないだろ」
　二人は黙って大塚の話を聞いていた。
「俺は上司としての一番重要な仕事は、実践的な経験を通じて部下に営業テクニックを教えることだと思っている。それで、売上を伸ばす喜びを知れば、部下のモチベーションは上がるし、それにつれて給料も増やすことができるはずだ。さらには、礼儀や常識を指導することで、人として大きく成長する手助けをすることも、上司の役目ではないのかな。今の二人のやっていることは、決して人の上に立つ人間としての模範となる行動じゃない……俺の言っている意味が分かるだろ？」
「……はい」
「今回の一件に関しては、始末書はいらん。すべて、俺の心の中にしまっておく。だから二人とも、今回の喧嘩のことは笑って水に流して、明日から大人の付き合いで、この第一営業部を支えていってくれよ」
　大塚がそう言うと、二人は「どうもすみませんでした」と言って、それぞれ帰り支度をし

215

て、オフィスから出て行った。二人のうしろ姿を見送ると、大塚は「ふぅー」と大きなため息をついて、背もたれに全身をあずけて、どっかりとイスに座った。
「週末にでも、あいつらと一回飲みに行って、仲直りの場を設けてやるか」
上司としてのひと仕事に納得したのか、ネクタイを緩めると、手をつけていなかった残業に取りかかり始めた。

「上司の仕事」を勘違いしている困った上司

「あれは典型的なダメ上司だな」
北条はオフィスにあったイスに腰をかけると、語気を強めてKに話し始めた。
「そうですよね。会社で取っ組み合いの喧嘩をするなんて、小学生じゃないんですから。あの二人の課長の下で働く部下は、情けない気持ちになってきますよ」
Kはうんうんと、うなずきながら、北条の話に相づちを打った。
「ん？　何か話がズレていないか？　俺が言っているダメ上司っていうのは、大塚という部長のことだよ。桜井と藤島っていう二人の課長は、被害者だな」
「はぁ？　何を言っているんですか？　大塚部長は、とってもいい上司じゃないですか」
「あれは部長って仕事を完全に勘違いしているな。まぁ、日本の会社には多いダメ上司の典

第四章　部長課長が同期との競争に勝って出世する方法

北条はニヤッと笑うと、イスから立ち上がった。
「で、今回、幸せにしなきゃいけないのは、当然、あそこで今、残業をしている頭の悪い大塚っていう部長のことだな」
「頭の悪いって……そんな言い方」
「しょうがないだろ、頭が悪いもんは、悪いんだから」
「でも、社内の成績は、飛び抜けて優秀で、同期の中で出世頭ですよ」
「いずれ化けの皮が剥がれるさ」
「なぜですか？」
「サラリーマンは実践経験から営業テクニックを学ぶことが大事だなんてバカなことを言って、ろくに勉強もしない人間に、出世は１００％あり得ないからさ」
「えっ、でもよくオン・ザ・ジョブ・トレーニングでしたっけ？　勉強なんかよりも、仕事を人一倍一生懸命やって経験を積んだ方がいいって、よく聞きますよ？」
「ＯＪＴねぇ。ありゃ、会社が社員を働かせるためのウソ、ウソ。じゃあ、聞くけど、大学入学試験や資格試験を受けるときに、勉強しない奴がいるか？」
「そんな人はいませんよ」
「それと同じだよ。試験と仕事で、やり方が違うわけないだろ。もしかして、お前、毎日、

徹夜して働けば、いつかは億万長者になれると、本気で思うタイプなのか？　逆に仕事の効率は落ちる気がしますからね」
「いや、それはないですよ。だって、徹夜で働いたら、逆に仕事の効率は落ちる気がしますからね」
「そうだろ。だいたい、なぜ会社は高学歴な人材を欲しがるのか、知ってるか？」
「それは、難しい試験に合格できて、頭がいいからじゃないですかね」
「試験に合格できる頭のよさっていうのは、勉強をやる要領がいいってことなんだ。忙しい仕事の合間でも要領よく勉強して、その知識を仕事に活かせる人間だけが、成果を上げることができるって、会社は知っているんだ。仕事は本番の試験ってことなんだぞ。サラリーマンだから勉強しなくてもいいなんて思ってたら、いつまで経っても試験には合格できない。つまり、一人前のサラリーマンにはなれないってことだ」
「じゃあ、北条さんは、学歴でサラリーマンの出世が決まるって言うんですか？」
「その確率は高いよ。だって、20歳を超えて、いきなり要領がよくなる奴なんていないだろう。ただ、要領がいい人間って、仕事もうまくこなして、上司へのアピールもうまいだろ。それで、仕事なんて簡単だと考えて、勉強をしなくなる奴も多いんだ。それに、社会人になれば使えるお金も増えるから、遊びもうまくこなして、いい気になってしまう。そうすると、大事な時間を無駄に費やして、ダメサラリーマンで一生が終わる。一方、要領が悪い人間でも、仕事を覚えるために、ちゃんと勉強してキャッチアップすれば、学歴というハンデ

第四章　部長課長が同期との競争に勝って出世する方法

イをひっくり返すことだってできるんだ。もちろん、そこには人一倍の努力は必要だけど、勉強による少しずつの差が、長い間で大きな差に変わるんだ。つまり、『努力』する方向が分かっていて、実際にそれができるサラリーマンが出世できるってことさ」

北条はそう言うと、パンパンと自分の背広を叩いて立ち上がった。

「で、結局、どうなんだ？　俺の予想は間違っているか？」

「……正解です。部長の大塚はこのままでいくと業績を伸ばせなくて部長職から外されます。で、3年後には部下も一人もいなくなって鬱病になり、ビルから飛び降り自殺を……」

「ありゃー、それは、いくらなんでも、ちょっと気の毒すぎだな」

北条は自分のおでこをぺしっと叩いた。

「俺は自殺するまでは予測していなかった。で、今回、あの大塚部長と俺の接点はなんだ？」

「ありません」

「へっ？　今回は、俺の聞きたくない過去の出来事をバンバン公開していく、あの儀式がないのかよ？」

北条は、少しトゲのある言い方でKに問いただした。

「いえ、大塚部長本人には接点はないんですが、これから北条さんが乗り移る相手には接点があります」

天使はそう言うと、オフィスの隅でゴミを回収する60歳過ぎの清掃係を指さした。

「あの人、実は数年前まで質屋を経営していた社長さんなんです」

北条は妙な胸騒ぎを覚えた。しかし、Kは構わず、話を続けた。

「不渡りを出したことで、その質屋がつぶれちゃって、今はこうやってオフィスの清掃係として働いています。でも、昔は上野の名物社長で、いろいろな商品を質流ししていました。北条さん、あのおじいさんの顔に、見覚えがありますよね？」

「あぁ……よく知っているよ」

「亡くなられた奥さん……静子さんでしたっけ？ 15年前の彼女の誕生日に、結婚当初に渡せなかった指輪を、サプライズプレゼントで渡しましたよね？ 覚えています？」

「……ああ」

「あの時、北条さんは『銀座の三越で買った』と奥さんに伝えましたが、実は、あのおじいさんが仕入れた質流れ品の指輪を安く買い取って、それをプレゼントしたんですよね？」

北条は黙ってKの話を聞いていた。

「当時はコンサルタントになり立てで、北条さんにはお金がなかった。でも、正直にそのことを静子さんに言えばよかったのに、あなたは見栄を張って、ウソをついた」

「……どうして、そのウソがバレた？」

「資料によりますと、奥さんはプレゼントをもらった3日後に、北条さんのスーツをクリー

第四章　部長課長が同期との競争に勝って出世する方法

ニングに出そうとしたんです。その時、背広の内ポケットから、『指輪代』と書かれた質屋の領収書を発見したそうです。日付もプレゼントされた前日だったから、静子さんはピンときたらしいですね。コンサルタントとしては、ちょっとお粗末な抜けた話ですけども」

Kはそのエピソードを話しながら、クスッと軽く笑った。しかし、北条は表情ひとつ変えず、一点をずっと見つめて黙っていた。

話の内容は、いつもKが話す、よくある自分の恥ずかしい過去のひとつでしかない。しかし、北条の頭の中はモヤモヤと霧がかかったようになっていて、どうもスッキリしなかった。

「……どうしました？　北条さん。機嫌でも悪くされましたか？」

Kは心配そうに北条の顔を覗き込んだ。しかし、北条の胸の奥でつっかえる石ころのような違和感はいつまでたっても晴れなかった。Kはそんな北条の気持ちをよそに、再び話を続けた。

「どちらにせよ、大事な奥さんの結婚指輪を買った質屋のご主人さんです。ここはひとつおじいさんの晩年に花を添えるつもりで、彼に乗り移って、大塚部長が幸せになるアドバイスをしていきましょう。いきますよ！　5・4・3・2……」

Kがカウントダウンを終えた瞬間、北条は頭の中のモヤモヤした霧が、パッとなくなる感覚を覚えた。「このことをKに聞かなくては！」と思ったが、今は清掃係のおじいさんに乗

221

り移って、大塚にアドバイスする方が先である。北条は覚悟を決めると、何も知らずに掃除を続けるおじいさんに向かって、勢いよく突っ込んでいった。

売上を伸ばすことと、利益を稼ぐことは、まったく違う

「こんな遅くまで残業かい?」
大塚が顔を上げると、そこには清掃係のおじいさんが立っていた。
「ええ、今日はちょっと余計な仕事が増えてしまって……抱える部下の人数が増えるほど、仕事が大変になる一方です。今日も部下同士が食堂で取っ組み合いの喧嘩をしてしまって」
「おおぉ、あの人だかりは、あんたの部署の部下同士の喧嘩だったんじゃな」
「えっ! そのことを知っているんですか?」
おじいさんに乗り移った北条は、喧嘩の状況は何も見ていなかったが、とりあえず、この清掃係のおじいさんの話をまともに聞いてもらうために作り話を並べ始めた。
「知っているも何も、あの喧嘩を止めたのは掃除をしていた、わしじゃよ」
「そうなんですか! それはありがとうございました! あっ、とりあえず、お茶でもゆっくり飲みませんか? 喧嘩の状況を、もう少し詳しく教えていただきたいので。掃除のことは気にしないで下さい。明日、清掃会社には、私の方から言っておきますから」

第四章　部長課長が同期との競争に勝って出世する方法

　そう言うと、大塚は給湯室からお茶を持ってきて、清掃係のおじいさんに差し出した。おじいさんは頭を下げてお礼を言うと、近くにあったイスに座り、ゆっくりと話し始めた。
「あんなに血気盛んな部下を持つと、気苦労が多いじゃろ」
「ええ、でも、そんな部下の面倒を見るのが上司でもありますから。気苦労だと思っていたら、きりがないですよ」
「ほぉー、部下の面倒を見るのが上司の仕事かぁ。それは、また面白いことを言う部長さんじゃな」
　一瞬、大塚は清掃係のおじいさんが、何を言いたいのか分からなかった。しかし、今は誰かに自分の不満を聞いてもらいたいこともあり、おじいさんの話に合わせる事にした。
「じゃあ、おじいさんは、上司の仕事が他にもあると思っているんですか？」
「もちろんじゃ。仕事のテクニックを教えたり、モチベーションを上げるなど、部下とお酒を飲みに行くのも、悪いことじゃない。だが、本当に上司の仕事で大切なのは、『利益を稼ぐこと』なんじゃないのかね？」
　おじいさんがそう言うと、大塚は笑いながら反論した。
「おじいさん、確かにそのとおりですよ。売上を伸ばすことが、営利企業で働く僕ら社員の最大の目標ですからね。だから、優秀な部下を育てて、会社に貢献する組織を作り上げていくために、僕ら部課長が存在しているんです」

「では、君は利益を稼ぐために、努力していると言うのかね？」
「ええ、もちろんです！　私はこの会社の利益を増やすことに、全力を尽くしています」
「じゃあ聞くが、自分の担当している部署の決算書はちゃんと作っているのかい？」
「けっ、決算書？」
大塚はドキリとした。決算書については、社内研修で何度も教えられたが、学生の頃から数学や物理が嫌いだったこともあり、苦手意識を克服できてはいなかった。
「決算書は経理が作ったものを読めるだけで、十分じゃないでしょうか？」
「おや、あんた、部長職につきながら、決算書を作ったこともないのかい？」
「決算書よりも、会社側が設定した営業ノルマをクリアすることの方が大事ですよ。事実、私はそうやってここまで出世してきましたし」
「しかし、これからの出世はそうはいかんだろ。では聞くが、あんたの部署の売上の目標はいくらか決まっているのかい？」
「もちろん決まっていますよ」
「じゃあ、部署の目標の利益は？　そして、それはどうやって決めているのかな？」
「も、目標の利益と……その決め方？」
大塚は言葉に詰まった。
「どうじゃ？　売上の目標だけではなく、今まで真剣に部署の利益を意識して営業したこと

はあるのかね？　わしは細かいことまでは知らんが、あんたの部署は、ガラスという商品を建築業者に販売することで売上を上げて、その売掛金を回収したお金で、さらに新しいガラスを仕入れて販売していく循環を行うところじゃろ。その過程で、利益を無視した多額のリベートを支払って売上を増やしたり、売上以上に経費を使っていたり、売掛金を回収できなければ、ビジネスは破綻してしまうぞ。だからこそ、部署の『決算書を作る』ことが必要なんじゃないのかね？」

　大塚は黙って聞いていた。おじいさんは、そんな大塚の神妙な顔つきを見て、さらに声のトーンを大きくして話を続けた。

「部署の決算書を作らないかぎり、本当に利益を稼ぐことができているのか、そして最終的にいくらのお金が入ってくるのか、分からなくなってしまうぞ。それだと、本来なら、部下の給料すら決められないはずじゃ」

「部下の給料？」

「そうじゃ、今、部下の給料は誰が決めている？」

「そりゃあ、私が評価していますが……」

「どうやって評価しているんじゃ？　まさか、各自が稼いだ売上で評価しているんじゃないだろうね？　売上さえ上げればいいなら、一枚１万円で仕入れたガラスを１０００円で売っても評価は良くなるってことじゃな。そんな簡単なビジネスなら、小学生でもできるぞ」

「いくらなんでも、そんなバカなことはやらないでしょ」
「ほぉ、やらないという証拠は?」
「そ、それは……私と部下の間に信頼関係がありますから」
「その信頼関係で給料が決まっているとすれば、信頼できない社員の給料は安くなるってことなのか? 最悪な評価方法じゃな」

大塚は、それ以上は反論することができなかった。利益に関しては、まるっきり把握していなかった。

「いくら部下に営業テクニックを教えて、モチベーションを上げることができても、公平な評価ができなければ、いずれ優秀な部下はあんたから離れていってしまう。感情的な目標設定だけでは、いつかチームは崩壊してしまうもんなんじゃ」

大塚は言葉がなかった。確かに自分は去年の売上を超えることだけを目標にして、壁に張り出してある売上の棒グラフの数字が伸びることに一生懸命になっていた。そして、今まで培ってきた経験を後輩達に教えこむことで、自分のコピー営業マンを作り部署を拡大し、社内では一番のスピード出世ともてはやされていた。

「どうじゃ? わしの言っていることは間違っているかね?」
「いえ……正論です。おじいさんの言うとおり、私は売上目標ばかりを気にしてきました。でも、本心は『本当に会社に貢献できているのか?』という疑問もあったんです」

第四章　部長課長が同期との競争に勝って出世する方法

「じゃあ、なぜ、自分の部署の利益を確認しようとしなかった」
「……怖かったんです。何度も、何度も、部署の利益について真剣に向かい合おうと思ったんです。でも、それを確認して、自分のやっていることが間違いで、会社に貢献していないことが分かったら……なんだか自分の積み上げてきたものが、すべて壊れてしまうんじゃないかっていう気持ちになって、怖くて利益を確認してこなかったんです」
大塚は吐き出すように話したあと、鼻を一回ずずっとこすって黙ってしまった。

サラリーマンが会計を知らなきゃいけない本当の理由

しばらく二人の沈黙が続いた後、蚊の鳴くような声で、大塚が話し始めた。
「おじいさん、私はどうしたらいいんでしょうか？」
「利益に目を向けることに気づいただけでも十分じゃよ。それで、あんたが前に進む勇気を持つならば、どんな苦難だって乗り越えられるさ。それに、あんたが今まで積み上げてきたものが、決算書を作っただけで壊れることなんかないぞ」
「そ、そんなもんですかね？」
「そうじゃよ。もっと自信を持てぇ！　あんたが積み上げてきた営業テクニックやノウハウは、すばらしいものじゃ。ただ、そこに利益をくっつけて考えてこなかっただけじゃ。今、

ここで決算書を作り、ちゃんと利益まで考えられる戦略に切り替えれば、きっと売上も利益も両方ついてくる、強い部署に生まれ変わるはずじゃよ」

おじいさんにそう言われると、大塚は少し明るい気持ちになった。

「分かりました。でも、私はこれから具体的に何をすればいいんでしょうか？」

「まずは自分の部署の決算書をしっかり作って、現状を知ることじゃ。そして、その決算書から、部署の今後の方向性を見出すことじゃ」

「それを教えてくれる人はいるのでしょうか？　どの部署も売上の目標だけしか追っかけていないバリバリの営業商社だし、決算書が作れる取締役も何人いることか……」

大塚がそう言うと、おじいさんは、お茶をすすりながら、丁寧に話し始めた。

「あんたが思っている以上に、部署の決算書を作れる管理職は多いんじゃ。でも、みんな、出世の競争相手に決算書の重要性なんて教えないだろう」

「そっかぁ。じゃあ、私は誰から決算書の作り方を学べばいいんでしょうか？　どこか、そういう学校はないんですかね？　英会話教室みたいに、決算書の作り方を駅前で教えてくれるような学校ですよ」

「うーん、あいにく決算書の作り方を教えてくれる学校は知らんなぁ。それに、そんな学校に、生徒は集まるもんかね？」

「私みたいに困っているサラリーマンがいっぱいいるはずですから、きっと集まりますよ。

228

第四章　部長課長が同期との競争に勝って出世する方法

テレビでバンバン宣伝して、全国の駅前にどんどん教室を作っていくんです。そうだ！なんか可愛らしいキャラクターを作ったら、人気が出そうな感じがしませんか？」
「きゃ、キャラクター？」
「ええ、かわいらしい動物なんかがいいですね。色はオレンジにして、ちょっと小生意気な雰囲気で踊らせるんです。女の人にも来て欲しいからパンダがいいですよ。おじいさん、私、こういう斬新なアイデアを思いつくのが得意なんですよ。社内でも、みんなから『アイデアの玉手箱』って呼ばれていましてね」
「ほ、ほ～」
　おじいさんに乗り移った北条は、色がオレンジの段階でパンダじゃないし、しかもどこかの倒産した英会話教室のパクリだろと思ったが、まずは元気になった大塚の気持ちをしぼませないように話を合わせた。
「まあ、儲かりそうではあるな。で、結局、あんたは誰から決算書を学ぶんじゃ？」
　おじいさんは、大塚に新しく入れてもらったお茶をすすりながら話しかけた。
「そこなんですよ。学校がなければ、自分で学ぶしかないですよね」
「もし今、時間があるなら、わしが教えてやってもよいが……こう見えても、昔は会社の社長をやっていたんでね」
　おじいさんに乗り移った北条は、ここの部分はウソではないと思い、力強く言ってのけ

「お願いです！ ぜひ、私に部署の決算書の作り方を教えて下さい！」

清掃係のおじいさんに対して、頭を下げて指導を請う自分の姿に、大塚は一瞬、疑問を感じたが、今は目の前にいるおじいさんに頼るしかない。

「頭を上げなさい。わしでよければ、喜んで決算書のノウハウを教えてやろう」

部署は、会社の固定費を回収するために貢献すべき

おじいさんは、近くにあったホワイトボードを動かしてきて表を書き始めた。図⑳

「決算書には『貸借対照表』と『損益計算書』があるのは知っているね？」

「え、ええ。いちおう」

「『貸借対照表』は、会社の資産や借金の状況を表わすもの。『損益計算書』は、会社がどれだけ儲かったかを表わすものじゃ。これを、部署で使えるものに変換させるんじゃよ」

「『会社』と『部署』では、決算書の項目が変わってくるってことですか？」

「その通りじゃ。まず、部署の『貸借対照表』の調達側、つまり右側じゃな、こちらは『買掛金』や『未払金』などの事業に直接関連するもの以外は、あまり考えなくてもいい」

「なぜですか？」

第四章　部長課長が同期との競争に勝って出世する方法

「部署で勝手に銀行からお金を借りたり、株主を集めるのは不可能じゃろ？　借入金または資本金で調達するとか、借りる場合でも短期なのか長期なのかは、会社が意思決定する問題じゃ。金融機関も会社全体の財務状態から返済期間や金利を決定するはずじゃよ」

「つまり、資金の調達の部分は、会社の決算書に比べて単純化されるってことですね？」

「そういうことじゃ。で次に、運用側、つまり左側の話になるんじゃが、あんたの部署には、主にどんな資産があるんじゃ？」

「うちの部署が、ガラスの研究を行ったり、不動産に投資することはないので、そんなに資産はないと思います。もちろん、ガラスという商品はありますが、あとは売掛金とクルマぐらいですかね。まぁ、クルマに関しては、営業マン20人に対して10台もあるので、当分、買う予定はありませんよ」

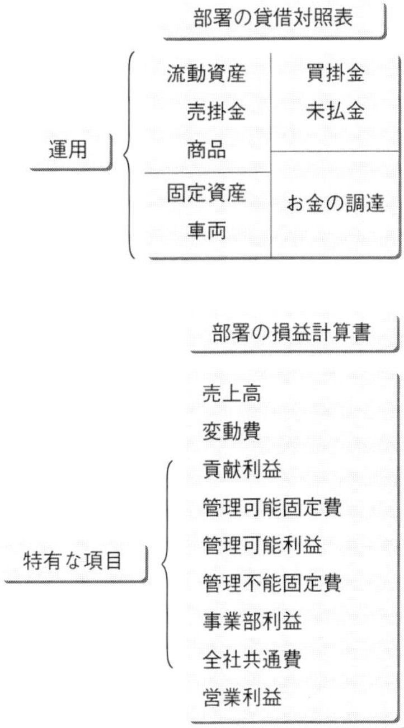

「『売掛金』や『買掛金』のサイトの管理はしているんじゃろ？」

「それは、経理と連携してやって

部署の貸借対照表

運用	流動資産 売掛金 商品	買掛金 未払金
	固定資産 車両	お金の調達

部署の損益計算書

売上高
変動費

特有な項目 ┤
　貢献利益
　管理可能固定費
　管理可能利益
　管理不能固定費
　事業部利益
　全社共通費

営業利益

図⑳

います。入金と支払の確認はやらないと、あとでトラブルになりますからね。ただ、仕入れるガラスの半分を海外子会社が製造しているので、支払いサイトや在庫はある程度の調整ができるんです。結果として、資金繰りは経理がやっているので、私の部署の『貸借対照表』は無視してもいいんです」

「まだ、結論は早いぞ。部署としての資産を効率よく運用しているかどうかは、いつでも上司が注意してチェックしていなければいけないんじゃ」

「具体的には、何をすればいいんですか？」

「部署の『総資産利益率』、つまり、自分の部署の資産に対して、どのくらいの利益を稼げているかを見るんじゃよ。部署の『損益計算書』では、営業利益までしか計算しないから、正確には『総資産営業利益率＝営業利益÷資産合計』を計算することになるがの」

「部署として、目標にすべき利益率は、どのくらいなんですか？」

「目標は、会社全体の『総資産利益率』を超えることなんじゃ。もし、部署の『総資産利益率』が、それよりも小さいと、将来、会社として別の部署に力を入れられてしまう可能性が出てくるんじゃ」

「『総資産利益率』が大きな部署に、お金や人材が集中されてしまうってことですか？」

「そうじゃ。あんたの会社は上場していないから、そこまでシビアじゃないとしても、この利益率を上げる努力はしなくてはいけない。景気が悪くなって、会社全体の資金繰りが苦し

第四章　部長課長が同期との競争に勝って出世する方法

くなれば、利益率の低い部門が、まっさきにリストラの対象になってしまうからな」
「でも、会社として伸ばしたいビジネスならば、利益率が悪くても、投資はしますよね？」
「その考えは間違ってはいないが、本当の新規事業でもないのに赤字なら、利益率の問題にもならないわな」
「あんまり、脅かさないで下さいよ。うちの部署は、利益率が悪い可能性はあるかもしれませんけど、赤字ではないですよ」
　大塚は、外国人のように、ちょっとだけ両肩を上げてみせた。
「どちらにせよ、部署の利益を計算してみないと始まらん。で、次は部署の『損益計算書』を見るんじゃが、これも会社全体のとは違ってくる。図を見て、それが分かるかな？」
「うーん、会社の場合には、『貢献利益』、『管理可能利益』、『事業部利益』って言葉は出てこないですよねぇ」
「部署の利益を計算するときには、その責任者が管理可能かどうかが、最も重要になるんじゃ。第一営業部の利益であれば、あんたが管理できるかどうかを基準にすべきだし、一課の利益であれば、そこの課長が管理できる項目を決めてから、計算することになる」
「なるほど。管理できない利益をとやかく言われても、どうしようもないし、その利益を増やす方法を議論しても、部課長の言いわけを作りやすくするだけですからね」
　大塚はメモをとりながら、おじいさんに問いかけた。

233

「それぞれの言葉の意味を詳しく教えてもらえないんですか？　私にはさっぱり」
おじいさんは「よかろう」と言って、後ろに腕を組んで歩きながら話し始めた。
「売上の説明はいいとして、あんた、『変動費』は売上に比例して発生する経費だっていうのは知っていると思うが、この『変動費』で一番大きな割合を占めるものはなんじゃ？」
「うちの部署はガラスを仕入れて売っているんですから、『売上原価』じゃないんですか？」
「正解じゃ。ただ、そのガラスの半分は海外で製造していると、さっき言っていたね？」
「あっ、はい。特別な原材料を使ったり、形状が複雑な場合には外注しています」
「外注商品は仕入価格があるからいいが、自社商品の原価計算は行っているのかね？」
「それは大丈夫だと思いますよ。経理が1年の最初に基準となる原価率を決めて、それに毎月の為替の変動を反映させたものをメールで送ってくるんです。自社商品と外注商品で原価率がほとんど同じなので関心もなかったんですが、海外子会社も独立採算制でやっていますし、価格が安く設定されていることはないですよ。変動費は、よく分かりました」
「ちょっと待った！」
おじいさんが両手を広げて、真剣な目で大塚のことを睨みつけた。
「もうひとつ、変動費で大きなものがあるだろ？　リベートはどうした？」
「あっ！　ゼネコンからの発注に応じて、一課がリベートを支払っているんだった。売上に

第四章　部長課長が同期との競争に勝って出世する方法

比例して業者にキックバックしているから、確かに変動費に入りますよね」

「それで、『売上』から、この『変動費』を差し引いた金額が『貢献利益』とは、ガラスを1個売ったときに、増える利益のことを意味するんじゃ」

「……これって、『粗利益』のことじゃないんですか？」

「『売上原価＝変動費』となる会社はそうじゃ。ただ、売上に連動して賃料が決まる場合や給料の一部を歩合制にしている場合には、『販売費及び一般管理費』の一部が変動費になるから、一致しないじゃろ。それに、製造業の場合には、工場で『固定費』が必ず発生するはずじゃ。そうすると、『貢献利益＝粗利益』にはならない」

「うちの部署は、工場を管理していないし、賃料も一定、給料も年俸制だから、『貢献利益＝粗利益』ってことですね。でも、何に『貢献』している利益なんですかねぇ？」

「『変動費』以外の経費である『固定費』を回収するために、『貢献』しているって意味なんじゃよ。言葉の定義はいいとして、今、何を議論していたか忘れていないか？」

「えっと……管理可能な利益かどうかでしたっけ？」

「そうじゃ。では、質問！　『貢献利益』は管理可能か、管理不能か？」

「うーん……管理不能っぽいですね。ガラス一個当たりの原価率は経理が決めてますから」

「大ハズレじゃ。『貢献利益』は、部署のビジネスの利益そのものなんじゃ。これが小さいと、どんなに固定費を削減したとしても限界があるから、絶対に回収できなくて赤字にな

る。いつでも、この『貢献利益』を大きくすることを目標にしなければいけないんじゃ」
「商品を、できるだけ大量に売れってことですか？」
「それも大ハズレじゃ。薄利多売のビジネスは忙しいだけで儲からない。わしが言っているのは部署として商品の価格を高くして売るアイデアを考えたり、原価率を小さくする努力をしなければいけないってことじゃ。例えば、自分達でもっと安くガラスを作ってくれる取引先を探し出して、経理に提案してもいいんじゃないのかい？　現場を知らない経理に言われた原価を受け入れるだけでは、部署の『貢献利益』は大きくならないじゃろ。それで、自分達がリストラにあってもしょうがないって、あんたは納得できるのか？」
「わ、分かりました。肝に銘じて『貢献利益』を大きくする方法を考え続けます」
そう言うと、大塚は小学生が学校の授業を聞くように、背筋をピッと伸ばした。

事業部利益と管理可能利益の違いを意識しているか

おじいさんはホワイトボードに図を付け加えて、話を続けた。 図⑳
「『貢献利益』から、今度は『固定費』を差し引くと事業部の『営業利益』が計算できることになる。『固定費』は売上がゼロでも発生する費用のことなんじゃ」
おじいさんは、図を書き終わると、手をパンパンと叩いて、さらに言葉を続けた。

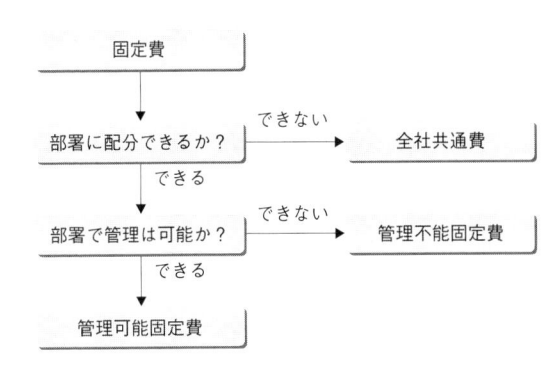

第四章　部長課長が同期との競争に勝って出世する方法

```
           ┌──────────┐
           │  固定費  │
           └────┬─────┘
                ↓
    ┌──────────────────┐  できない  ┌──────────────┐
    │ 部署に配分できるか？ ├─────────→│  全社共通費  │
    └────────┬─────────┘            └──────────────┘
             │できる
             ↓
    ┌──────────────────┐  できない  ┌──────────────────┐
    │ 部署で管理は可能か？ ├─────────→│  管理不能固定費  │
    └────────┬─────────┘            └──────────────────┘
             │できる
             ↓
    ┌──────────────────┐
    │   管理可能固定費   │
    └──────────────────┘
```

図㉑

「いいかい？　『固定費』は、大きく3つに分類することができるんじゃ。まず、『固定費』の中で、配分する基準がないものは『全社共通費』となる」

「基準がないから、部署にはこの経費を負担させないってことですか？」

「いや、会社が勝手に、部署が負担すべき金額を決めてしまうという意味じゃよ。例えば、社長やその秘書の給料なんかが、それに当たる」

「確かに、社長がいくらの給料をもらうかなんて、我々のビジネスには関係ないですね」

「でも、これを部署に負担させておかないと、すべての部署の利益がプラスでも、その合計金額以上に全社共通費が大きい場合には、会社としての『損益計算書』の利益はマイナスになってしまうじゃろ。だから、売上基準とか、人数基準とか、部署の数とか、何かしら勝手に基準を決めて振り分けられてしまうんじゃ」

「結局、会社が赤字になって資金調達が難しくなったら、部

署の仕事に大きな影響が出てしまいますからね。あまりに理不尽な金額でなければ、黙って受け入れるしかないですね」

「次に全社共通費を除いた固定費を、部署で管理できるかどうかで2つに分ける。このとき、形式にはこだわらず、実質で判断するんじゃ。例えば、部署の人件費は、最終的な承認は取締役が行っていたとしても、仕事の指示や評価は部長や課長がやっているじゃろ？」

「ええ、さっきも言いましたけど、私が部下の査定を行っています」

「その場合、人件費は部署としての『管理可能固定費』になるんじゃ」

「なるほど、誰が書類にハンコウを押すのかではなく、誰が意思決定できる『固定費』なのかってことなんですね」

「一方、賃料は部署が使っている面積を基準に、会社全体の賃料が配分される。ただ、その場所の決定権も賃料の交渉権も部署にはないはずだから、『管理不能固定費』になる。それで、3つの固定費を『貢献利益』から差し引くと、『営業利益』が計算されるんじゃ」

「それで、私は部署の長として、この営業利益の黒字化を目指せばいいんですね？」

「最終的にはな。でも、『会社共通費』、つまり社長や秘書の給料は第一営業部がなくても発生する経費だから、『事業部利益』をプラスにすることが、目の前にある目標になる」

「じゃあ、もし、この『事業部利益』が赤字だと、会社の足を引っ張っている犯人ということになるんですかね？」

第四章　部長課長が同期との競争に勝って出世する方法

「そうじゃ、犯人だから、見つけ次第、会社から追い出さなきゃならん」
おじいさんはそう言うと、冗談っぽい笑みを浮かべた。
「うちの部署の『事業部利益』がプラスなのか、だんだん不安になってきましたよ」
「そんなの計算してみたらすぐに分かるよ。あんたが管轄している一課と二課の営業データはぜんぶ把握しているんだろ？」
「はい、細かく管理しています」
「固定費に関するデータは持っていないのかい？」
「あぁ、そういえば、部長クラスの勉強会で、各部署の固定費についてのレクチャーがありました。興味がなかったので、引き出しに入れっぱなしですけど……」
大塚はそう言うと、机の引き出しの中を引っ掻き回し始めた。
「あった！　ありましたよ！　このＣＤの中に固定費のデータが収められています」
「それだったら計算は速いぞ。早速、数字をはじき出してみようじゃないか」
大塚とおじいさんは、パチパチと電卓を叩いて第一営業部の利益を計算し始めた。

なぜ、みんなが会社という組織で働きたいと思うのか？

ひと仕事を終えたおじいさんは、腰をポンポンと叩いた後に大塚に話しかけた。

239

部署の損益計算書

	一課	二課	合計
売上高	12億円	7億円	
変動費	11億4千万円	5億円	
貢献利益	6千万円	2億円	
管理可能固定費	1億円	9千万円	
管理可能利益	▲4千万円	1億1千万円	
管理不能固定費	2千万円	2千万円	
事業部利益	▲6千万円	9千万円	3千万円
全社共通費			2千万円
営業利益			1千万円

図㉒

「どうじゃ、一課と二課、どちらの利益が高かったんじゃ？」

「……地道な営業を続ける藤島の二課が圧倒的な黒字で9000万円でした。逆に営業のエースの桜井が管轄する一課は……儲かっていないどころか、6000万円の大赤字です」

大塚は額に汗をにじませながら、パソコンに映し出されたエクセルの表を見つめていた。

今まで地味な提案営業しかしてこなかった藤島の二課の方が、売上は低かったが、確実に利益を叩き出していた。逆に桜井の一課は、目標の売上は達成できていても、リベートが大きすぎて、『管理可能利益』の段階で、すでに赤字になっていたのだ。

「一課の『管理可能利益』が赤字だったなんて……もしかしたら、二課だけの方が、部署としての利益は大きくなるんじゃないのか？」

「ショックは分かるが、それは早計じゃよ。一課の

第四章　部長課長が同期との競争に勝って出世する方法

「『貢献利益』の項目を見てみろ。プラスじゃろ?」
「ええ、6000万円の黒字ですね」
「部署全体の固定費を回収することには貢献しているんだから、一課は存続させるべきなんじゃ。もちろん、リベートの支払いすぎで『管理可能利益』が赤字なんだから、あんたと桜井課長の今後のビジネスのやり方は、大きく変える必要は出てくるがな」
「そうなりますかね……毎年、売上に関係なく発生するのが固定費ですよね……えっと、一課を閉鎖したら貢献利益の6000万円がなくなって、二課がすべての固定費を負担することになる。そうすると、事業部利益は、マイナス3000万円になっちゃいますね」
大塚は、少しずつ落ち着きを取り戻してきていた。
「では、明日にでも桜井を呼び、『管理可能利益』が赤字だったことを教えます」
「バカもーん! この数字を、あんたの部下の桜井課長に見せれば、彼は責任を感じてしまうだろう。わしは、そんなことのために、部署の決算書を作ったわけじゃない!」
口をポカンと開けて話を聞き入る大塚に、おじいさんは一気にまくし立てた。
「あんたは、すぐに犯人を捜したがるな。いつも口うるさいお客にペコペコしながら、『責任は当社にありますから』って繰り返して、それが癖になったんじゃないのか? 会社は責任を押し付け合う場所ではない。社員が協力し合って、売上を上げて利益を稼ぎ、その利益から給料を分け合う組織体なんじゃ。その給料によって、社員やその家族が幸せに暮らせる、その中か

これを目標にすべきなんじゃないのか？　だからこそ、世界中で会社という制度は繁栄してきたし、これからも存在できるんじゃ。責任を取らせる人を探す組織体で、不幸な人を増やすだけの存在なら、もうこの制度はなくなっているわいっ！」

「そ、その通りです」

大塚は、小さな声でボソリとつぶやいた。

「だから、責任を取らせないようにしてやるのが、上司の役目であり組織が存在する意味なんじゃ。しかも、解決策も提案せずにこれを見せれば桜井課長のプライドはズタズタになるだけだ。もともと、こんな状態になった原因は、あんた自身にあるんじゃないのか？」

「……おじいさんの言うとおりです。本当に反省すべきなのは、私でした」

「反省するだけなら、誰にでもできる。ビジネスは反省した後、次の行動を変えることができるかで成否が決まるんじゃ。自分の考えを変えない人間に、成功はない！」

「でも……私には、今の一課の利益をプラスにするようなアイデアがありません」

おじいさんに乗り移った北条は、「おいおい、『アイデアの玉手箱』の勢いはどうしたんだよ」と思ったが、これが今の大塚の限界だと考えて、助け船を出してやることにした。

「じゃ、ヒントを出そう。なぜ、わしは『管理可能利益』を計算したのかな？」

「それは……責任を持つべき利益を計算するためです」

「責任を持つということは、どういうことじゃ？」

「黒字を目指さなければいけないってことです」

「それは違うな。事業部利益だって黒字を目指すんじゃろ？ それなら、事業部利益さえあれば、管理可能利益は計算しなくてもいいってことになる」

「すみません、言っている意味がよく分からないんですけど」

取引するほど赤字になる相手とは、すぐに縁を切ろう

おじいさんは、ホワイトボードに大きく2つのことを書いた。

① 短期的に変更可能な経費　＝　変動費、管理可能固定費

② 長期的に変更可能な経費　＝　管理不能固定費

「おじいさん、ちょっと、待って下さい。『管理可能固定費』の中には、短期的に変えることが難しい経費もあると思うんですが」

「そんなことはない。自分で意思決定できることは、絶対に短期的に変更することができるんじゃ。それで、『管理可能利益』を『管理不能固定費』よりも大きくすることができれば、事業部利益は黒字になる」

社員2人が1年間で合計100時間を使う取引先
人件費=2人×100時間×1万円=200万円

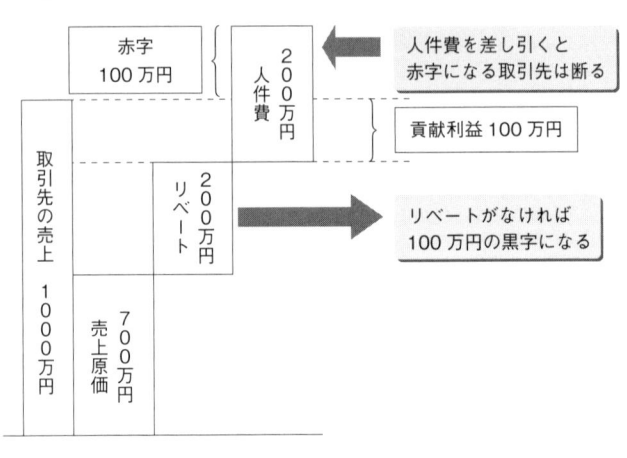

人件費を差し引くと赤字になる取引先は断る

貢献利益100万円

リベートがなければ100万円の黒字になる

図㉓

「そんなこと、口で言うのは簡単そうですけど……今の私にできますか？」
「できるかどうかじゃない！　今まであんたを信じてついてきた部下のためにも、やらなくてはいけないんじゃ！　まずは、事業部の『変動費』から見直していくぞよ」
大塚は半信半疑だったが、とりあえず神にもすがる思いで話に聞き入った。
「一課の『貢献利益』を圧迫しているのは、リベートじゃったな。すぐにでも止めさせたいが、業界的には難しいことも多いんじゃろ？」
「まぁ、現実には……その話から始める取引先もいるぐらいですからね」
「そこで、取引先ごとに『貢献利益』を計算して、そこから人件費を差し引いて赤字になっていないか、確かめるんじゃ」図㉓

第四章　部長課長が同期との競争に勝って出世する方法

「なるほど、では、この場合の人件費はどうやって計算すればいいんですか？　社員の給料の一覧はあるので、時間を基準にして取引先ごとに配分することもできますよ」
「いや、社員一人が1時間働くと1万円と計算すればいいだけじゃ」
「1時間1万円ですか？」
「どんな業種の会社でも社員一人当たりの粗利益2000万円を目標にするんじゃ。社員一人が1年間250日で毎日8時間働くとして、2000時間になる。単純に割り算すれば、1時間1万円になるじゃろ」
「取引先によっては、課長が対応することもありますが、その場合はいくらですかね？」
「粗利益2000万円が高めの目標なので、対応する役職とは関係なく、平均1万円でいいんじゃ。ただ、取締役や部長だけで、すべて対応している取引先は別じゃがのう」
「私がすべて対応している会社が1社だけありますが、そこは取引金額が大きいですし、黒字だってハッキリ分かっていますから、これは計算しなくても大丈夫ですね」
「ところで、社員が取引先に使っている時間は集計しているんじゃろうな？」
「それなら、市販されている安いソフトを使って日報と一緒に時間管理をしているので、集計はすぐにできますよ。それがなければ、営業マンがどこに行ったのか、まったく把握できないってことになりますからね」
「じゃあ、数字を出すのは簡単じゃな。それで赤字になっている取引先はリベートを下げる

245

「ちょ、ちょっと待って下さい。リベートを下げる交渉はあまり行わないってことですか？ そんなことしたら、取引先の数が大きく減ってしまいますよ。ただでさえ赤字の一課がさらに暇になっちゃいますし、私も一緒に同行して、交渉を粘り強くやってみますよ」

「そこを頑張る必要は、まったくないんじゃ。さっき売上を目標にすべきじゃないって、言ったばかりじゃろ！ 人間は忙しいと、今のままでいいと思いがちなんだ。一課は赤字なんだから、暇にするべきなんじゃよ。特に、モーレツ社員の桜井課長を意図的に暇にすれば、心理的に不安になって、新しいアイデアを出してくるはずじゃ。今の儲からない取引先を断るからこそ、もっと儲かるビジネスをやることができるんじゃよ」

「でも……せっかく今まで開拓してきた取引先ですし……」

「もともと、赤字になるほどの多額のリベートを要求してくる取引先のビジネスモデルは、腐っているんじゃよ。そんな会社とリベートを下げるための交渉を続けるなんて、時間の無駄でしかない。そんなことをしていては、自分達の会社も共倒れになってしまうぞ」

「だけど、それによって売上が下がるのは、やっぱり怖いです」

「『貢献利益』が小さいビジネスを、みんなで寝ずに働いても、やりがいなんて生まれやしないよ。儲からないビジネスは、仕事自体も面白くないはずじゃ」

「儲からないと面白くないって、ちょっと言いすぎなんじゃないですかね。桜井は、二課の

悪口は言っても、自分の仕事に対する不満を口にしたことはないですよ」

「いや、そんなことはない。仕事というのは、ちょっとした工夫で儲かるようになるもんじゃ。上司に言われたとおりの仕事をしているから儲からないし、工夫をしないからつまらない。まあ、忙しすぎるとそんな感情もマヒして分からなくなってしまうんだがな。それに、桜井課長には目をかけてきたんだろ？　一度、突き放して自分の頭でゆっくり考えさせることは、よい経験になるはずじゃ」

「……分かりました。そのように明日、指示を出してみます」

おじいさんの意見は確かに強引なところがあったが、決して間違っている内容ではなかった。そして、一課がリベートのせいで赤字になっていることも事実であり、おじいさんの言うとおり、荒療治のつもりで、思い切った改革をしようと大塚は決心した。

先行投資をしなければ、売上なんて上がらない

「次は、二課の『変動費』を見てみようかの」

「えっ、二課の『事業部利益』はプラスでしたから、見直す必要はないですよ」

「相変わらず結論を出すのが早いのぉ。なぜ、二課は問題ないと言えるんじゃ？　さっきの『総資産利益率』の話は覚えているじゃろ？　部署の中で見ても同じことが言えるんじゃ。

利益率がよいビジネスに人材やお金を集中させて伸ばし、儲かっていないビジネスは縮小して、やり方を見直してから挑戦するのが鉄則なんじゃ」

「つまり一課の業務を縮小する代わりに、二課を拡大路線に持っていくってことですか?」

「そうじゃ。その意思決定をするために、部署と課の『損益計算書』を作ったんじゃ。使える人材やお金が限られている中で、最適な方法を探し続けて、絶えずよい変化を実行していかなければ、事業部利益を最大にすることはできんのじゃ」

「じゃあ、二課は儲かった中から、もっと経費を使うべきだってことなんですか?」

「違う、違う! ビジネスは、儲かってから経費が使えるわけじゃない。経費を先に使うからこそ、売上が上がって儲かるんじゃ。ガラスだって、最初に仕入代金や在庫管理の手数料を支払っているからこそ、売上が上がるんじゃないのかね?」

「分かった! 二課の売上を上げるために、先行投資をするってことなんですね」

「そのとおり。今まで、取引先が法人相手だけだったから、宣伝広告はほとんど打ってこなかったんじゃろ? でも、戸建ての業者だけじゃなく、インターネットを使って、個人に直接、売ってもいいんじゃないのかな。マンションと違って、一戸建てなら家主だけで決めることができるはずじゃ」

「確かに最近は、『施主支給』といって、オーダーメイドで家を建てる人が増えていますから ね。それに、今のガラスを防犯対策や防音のために換えるという需要もありそうですし、

第四章　部長課長が同期との競争に勝って出世する方法

省エネや紫外線対策がキーワードになって、遮光ガラスを探している人達からの問い合わせも増えていますね」

「ガラスのような『悩み解決型』の商品は、テレビや新聞で大きく宣伝広告を打っても、そんなに販促効果が上がるもんじゃない。インターネットのように自ら悩みごとを検索して飛び込んで来てくれる、プル型広告を利用した方が費用対効果はよいはずじゃよ」

「インターネットのキーワード広告ですね。今までやったことがないので、面白いかもしれません。この宣伝広告費は売上に連動するから、『変動費』になるんですね」

「これで部署の『変動費』をどうすべきかは決まったな。では、次に何をすればよいかな？」

「うーん……ダメだ！　うーん……分かりません。本当に私は……ダメな部長ですね」

大塚は、今まで自分が本当に何も知らなかったことを痛感していた。

そんな大塚を見て、おじいさんは、やさしく話し始めた。

「サラリーマンは、それぞれの立場で知らなくてはいけないことが変わるんじゃ。部長になったら、やはり決算書は分からんといかん。でも、それは本を読んで勉強すれば、誰でも理解できることなんじゃ。営業ノウハウを身に付けるよりも簡単だとは思わないかい？」

大塚は、おじいさんの話を聞いて、ぱっと周辺が明るくなったような感覚を覚えた。

「私は、今まで実務を通じて仕事を覚えれば、それで終わりだと思っていました。でも、新

249

しい知識を身に付けたり、もっと数字に強くなるために勉強することが必要だったと、今、痛感しています」

「勉強を始めるのに早い、遅いはない。やるべきだと感じたときから、一生懸命やれば十分なんじゃよ。で、次にあんたがやらなきゃいけないのは、見直した結果を集計して、目標の利益を決めることなんじゃ」

社員が1秒でも無駄な動きをすれば、固定費は削減できない

おじいさんは、ホワイトボードの右上の方に図を書いた。

「行動を起こせば、今後の利益は変わっていくんじゃ。それを、具体的に数字を入れて検証していくんじゃよ」

「分かったぞ！ 図から考えて、次は一課の『管理可能固定費』の見直しですね。すでに『下げる』と書いてあるのは、一課は赤字だから、管理可能固定費を削減するって意味なんですね」

「固定費で削減できるものは、思いつくかな？」

「うーん、固定費って言われると、事務用品とか、水道光熱費とか……」

大塚は、今まで売上の目標に対してはシビアに指導してきたが、細かな固定費に関して

は、あまり深く考えたことがなかった。

「おじいさん、例えば、古いパソコンを長持ちさせたり、使っていない部屋の電気を切ったり、携帯電話の通話時間を減らすことで、固定費を削減するっていうのはどうでしょうか？ それに固定資産の減価償却費も固定費なんですよね？ それなら、営業マンが使っているクルマを予約制にして、うまく使い回せば数を減らせると思いますよ」

「部署の机の上を見渡すと、整理整頓していない社員も多いようだから、事務用品も重複して買っているようじゃのう」

	営業一課	営業二課
変動費	下げる	上げる
管理可能固定費	下げる	？
管理不能固定費	？	？

図㉔

おじいさんはオフィスの周りを見回しながら、さらに言葉を続けた。

「節約意識がないのはよくないことじゃない。でも、やっぱり『管理可能固定費』の中で一番大きいのは人件費なんだよ。まずは、2つの課の人件費を比べてみようじゃないか」

おじいさんがそう言うと、今までになく、大塚はとまどった顔をしていた。

「ありゃ？ 一課の『管理可能固定費』が二課より

「実は……私は、今まで社員のみんなに、桜井課長のように社長賞を取れとハッパをかけてきました。そのため、社長賞を2回も取った彼の給料もダントツに上げてしまったんです」

大塚の話に、おじいさんは目をつぶって黙って話を聞いていた。

「でも、一課が赤字であったとしても、彼の給料を下げることが本当にいいことなのか、この数字を見てから迷っているんです。だから、もし他の固定費を削減することで黒字になるなら、そちらを優先的にやるべきじゃないかって……」

「分かった、分かった」

おじいさんは、そう言うと、ニコリと笑って、やさしい言葉で静かに話し始めた。

「給料を下げることは本当に最終手段なんじゃ。どんな場合でも給料を下げられてモチベーションが上がる社員はいない。それに……桜井という課長は、熱血なのかい?」

「ええ、熱血です」

「SかMと言えば、どっちじゃ?」

「うーん、私と同じような性格ですから……真正のMですね」

「ど、ドMなのか、それはまずいなぁ。給料を下げられたら、燃え上がるタイプじゃ」

「ええ、絶対に『こんちくしょー』って言って、がむしゃらに張り切りますよ」

大塚は半狂乱になって仕事に狂う桜井課長を想像して、少し背中がブルッと震えた。

大きいぞ」

252

第四章　部長課長が同期との競争に勝って出世する方法

「彼だけがやる気になりすぎて困るから、他の方法を考えるべきじゃな。ちなみに、今の一課の平均の給料はいくらなんじゃ？」
「桜井課長は別格なので除いて、年収で一人５００万円ぐらいです」
「とすれば、５００万円に対して、社会保険料の１０％と交通費や研修費なんかで１０％を足すと、一人当たり６００万円の人件費が１年間にかかる。一課は１０名なので６０００万円になって、これに桜井課長の給料を足すから、もっと人件費は大きくなるな」
「えーっ、今の一課の『貢献利益』は、６０００万円しかないんですよ」
「リベートを見直すとしても明日からというわけにはいかんじゃろ。そうすると、人件費以外の『管理可能固定費』をゼロにしても、当面の一課の『事業部利益』は赤字になるな」
「うわっ！　給料を下げないとすれば、まさかリストラじゃないでしょう！」
「結論が早すぎる！　いいかい？　人件費は、売上に関係なくかかる『固定費』じゃろ？　取引先からの仕事の依頼を受けて、ガラスを発注して、それを卸すまでの時間を短縮することができれば、固定費を削減したのと同じことになるんじゃないかね」
「社員の無駄な動きを少なくするってことですか？」
「ゆっくり仕事をしても、速く仕事をしても、発生する固定費は同じなんじゃ。だからこそ、さっきの経費削減のアイデアも、実行する前によく検討しなければいけない。古いパソ

コンを使い続けて待つ時間が増えたり、電気のスイッチを切るために社員のムダな動きが多くなったり、携帯電話の通話記録をチェックする仕事が増えたりして、削減できる固定費よりも、増える人件費の方が多くなったら、本末転倒になる」

「言われてみればそうですね。社員は電車よりもクルマの方が歩かないから楽かもしれない。でも、時間帯や場所によっては電車とタクシーを併用する方が、早く着くことも多い。だから、クルマの数を減らすことではなく、使い方に気をつけるべきだってことですね」

「スピードが重要だからこそ、桜井課長が一人でやる気になってもダメなんじゃ。もし、彼が寝ずに営業して貢献利益が小さな仕事をいっぱい受注したとしても、それに対応して商品のガラスを発注したり、倉庫を手配したり、クレームが多くなって、それに対応する人件費が増えてコストが上がり、逆に在庫が増えてしまうんじゃ」

「そうか、一人の仕事ができるスーパーマンを育てるよりも、組織的に対応できて、素早く動ける人間がたくさんいる方が、固定費が分散できるので利益につながるってことなんですね。みんなで協力できる会社という意味が、よーく分かりました」

「会社は社員が幸せになる組織でなければ発展できないんじゃ。効率よく稼ぐことで、みんなが早く帰れて、それでいてたくさんのお金を配分できるようにするのが、上司の役目なんじゃ」

大塚は、初めて褒められて嬉しくなった。が、同時にひとつの疑問もわいてきた。

第四章　部長課長が同期との競争に勝って出世する方法

「でも、さっき、一課は仕事を減らすべきだって話になりませんでしたか？　どんなに仕事を急いでも、そのあと暇をとってこられる見込みもないですし……」
「おいおい、誰も、一課だけの『管理可能固定費』を見直せなんて言ってないぞ。さっき言ったじゃないか。売上が伸びている二課の変動費を増やそうって」
「そうか！　売上が下がる一課の10人のうち、今から『管理不能固定費』を二課に回せばいいんだ！」
「その人数を決定するためにも、『管理不能固定費』の金額を決定しようかのう」
おじいさんのアイデアに、大塚は興奮して決算書を手に取った。しかし、それを見て、再び新しい疑問がわきあがってきた。
「おじいさん、『管理不能固定費』は、長期的にしか変更できないんですよね？」
「そうじゃ。この部署の『管理不能固定費』の中で、一番大きいのは賃料じゃな」
「やはり、私がビルの大家と交渉はできないですから……ただ、3年ぐらいの長期間で考えれば、引越しも可能かもしれません。ちょっと、安い場所を探してみます」
「さっきから言っているが、経費は削減できればいいってもんじゃない。安い賃料の事務所に移って、社員のモチベーションまで落ちたら意味がないじゃろ」
「確かに……でも、おじいさん、社員のモチベーションを上げるためには、きれいなビルや机のようなハードではなく、働きやすい人間関係や研修制度など、ソフトの方が重要なんじ

やないかって思うんです。もちろん、取引先の中にはビルの大きさで判断する人達もいますから、取締役ともよく相談してみます」
「とにかく、その結論には時間がかかるじゃろ。だから、『管理不能固定費』を削減することを考えるのではなく、それぞれの課の事業部利益を確定するだけでいいんじゃ」
「なるほど！ 今までは一課と二課で半分ずつ使っていた場所だけど、社員を異動させることで使う面積が変わるから、負担させる金額を変えろってことなんですね」

なぜ、社員間で「情報共有」をすると、売上が上がるのか？

大塚は、机の配置を考えながら、目標となる損益計算書を作成した。_{図29}
「おじいさんのおかげで、部署として目標にすべき損益計算書を作ることができました。結局、一課の半分の五人を二課に移して、一課の管理可能利益を黒字にします。将来的に一課の事業部利益が黒字になったところで、もう一度、人員の配属を考え直すことにします。
これで、一件落着ですね」
「いや、いや、まだじゃよ。考えてもみなさい。何の説明もなく、社員を隣りの課に異動させたら、ただでさえ仲が悪い課同士で喧嘩になるに決まっているじゃろ」
「あ、そっか……こんな人事異動をいきなり発表したら、絶対に揉めますね」

第四章　部長課長が同期との競争に勝って出世する方法

目標とすべき損益計算書

	一課	二課	合計
売上高	6億円	8億円	
変動費	5億4千万円	5億7千万円	
貢献利益	6千万円	2億3千万円	
管理可能固定費	5千万円	1億4千万円	
管理可能利益	1千万円	9千万円	
管理不能固定費	1千万円	3千万円	
事業部利益	0円	6千万円	6千万円
全社共通費			2千万円
営業利益			4千万円

図㉕

「まずは、部署のみんなで数字を把握して、今の状況と自分達が何をやるべきかを理解してもらうんじゃ。それでやっと、一つの目標に向かうことができるようになる」

「おじいさんの言うとおりです。部署の決算書の数字を知らなければ、どこに向かって、みんなで協力して進めばいいのか分からないですものね」

「それで、部署の目標を個人にまで落とし込むことで、自分の役割を理解してもらい、分業体制が確立するんじゃ。あとで目標と実績の『ズレ』もチェックするんじゃぞ。それを毎月、みんなで検証すれば、目標は必ず達成できるようになる」

「その目標に到達できないときには、その理由を探すということですね」

「いや、その達成すればいいという考え方も変えなくてはいけないな。いいかい？　常に『なぜ、こうなったのか？』と、自分達の行動を見直すことが大切なん

じゃよ。例えば、目標の『貢献利益』が3000万円のときに、実績が4000万円で目標を達成できたとしても、なぜそんなに上回ったのかという原因を探し出す必要があるんじゃ」
「目標を大幅に超えているのに、何か見直すことなんかあるんですかね?」
「大いにある。もしかしたら、来月の売上がズレ込んでるだけかもしれない。その反動があとでくるなら、その前に手を打っておく必要があるじゃろ。それとも、本当に『貢献利益』がそれほど上がっているならば、将来の目標を変更して、人材やお金を、そこに集中させる方がよいかもしれん」
「確かに、そうですね」
「チームというのは、どんな場合でも、目標との『ズレ』を確認し合い、よりよい方向に進むようにみんなで考えるべきなんじゃよ。それを繰り返すことで、社員全員が自分の仕事に対して、『なぜ、こうなったのか?』と行動を見直すことにもつながるんじゃ」
気がついたら、大塚はおじいさんの最後の言葉を、がむしゃらにメモにとっていた。
「どうじゃ、明日から部署の改革は実行に移せそうか?」
「ええ、ただ、今日、私が部長としての改革は実行に移せそうか?」
「ええ、ただ、今日、私が部長として力不足だったことが分かり、不安はありますが」
おじいさんは、「ふぉふぉふぉ」とバルタン星人のような笑い方をした。
「大丈夫じゃよ。あんたは、自分の部署の現実を知ることから逃げずに、こんな老いぼれの

258

第四章　部長課長が同期との競争に勝って出世する方法

言葉に耳を傾けてくれたじゃないか。目標を持ち、手段さえ間違えなければ、絶対に、自分の目指す場所にたどり着くことができるはずじゃよ」

そこまで言うと、おじいさんは、「よいしょ」と、席を立ち上がった。

「この先、部下の考え方を強引に変えてはいかんぞ。あんた自身が考え方を変えて行動すること、そして数字をもとにした話し合いをすること、これを守れば大丈夫じゃ」

「ありがとうございます。今日は大変勉強になりました」

大塚はふかぶかと頭を下げた。おじいさんはその姿を見て、斜めになった清掃帽をかぶりなおすと、大塚の肩に手をやって、最後にこう言った。

「今、儲かっている組織が生き残るわけでも、結束力が強い組織が生き残るわけでもない。過去のやり方を反省し変わり続けることができる組織こそ、生き残ることができるんじゃ」

その言葉を聞きながら、大塚はおじいさんの姿が見えなくなるまで頭を下げ続けた。

おじいさんに乗り移った北条の耳に、アドバイスの終了を知らせる鐘の音と、Ｋの「はーい！　時間いっぱいでーす！」という、いつもの明るい声が聞こえてきたのは、それから数分後の出来事だった……。

259

最後にアドバイスする人物

　Kの持っている未来テレビには、北条が予想していたとおりの展開が映し出されていた。
　一課の桜井は、大塚から見せられた部署ごとの決算書に衝撃を受けていたが、数字に表われるかぎりは、納得するしかない状況だった。逆に藤島は、理系の大学を出ているだけあって、すでに自分の課の決算書を把握しており、さっそく増員された五人の部下とともに、さらなる新規開拓営業に手をつけ始めた。そのうち、桜井は利幅の薄いリベート営業を縮小して、二課にならって企画提案を中心にした営業活動にシフトしていった。
　また、二課は営業能力の高い一課の五人の社員が異動して来たことで、他の社員も刺激を受けて、契約件数をどんどん増やしていった。大塚が統括する第一営業部は売上を急激に伸ばし、その年の暮れ、桜井と藤島の二人の課長が社長賞をダブル受賞し、3年後に大塚は、会社創業以来の最年少の取締役に就任することになった……。

「天国の未来局からの電話を待つことなく、これは『幸せ』と判定してよさそうですね」
　Kは満足そうに、未来テレビの電源を切り、カバンの中に収め始めた。その横で北条は、夕方のオフィス街のスクランブル交差点を歩く人達を、じっと眺め続けていた。
「どうしたんですか？　北条さん。何か考え事でもしているんですか？」
　Kがそう言うと、北条はジロリと睨み付けてから、落ち着いた口調で話し始めた。

260

第四章　部長課長が同期との競争に勝って出世する方法

「さっき、おじいさんに乗り移る前に、質屋の結婚指輪の話をしただろ？　実は、あの指輪は、本当に銀座の三越で買ったんだよ」

北条がそう言った瞬間、Kの表情がほんの少し硬くなった。

「そんなわけないと思いますよ。天国の個人情報にウソはありませんから」

「でも、そのウソの情報を真に受けてしまった人がいたら、話は別だろ？」

「はぁ？　言っている意味がよく分からないんですが……」

北条はKの返事を無視するかのように、話を続けた。

「あの当時、確かに俺は静子に指輪を買ってやるだけのお金はなかった。でも、たまたまギャラのよい『投資セミナー』の講師の仕事で、講演料を現金でもらえたことがあったんだ。前から彼女が欲しがっていた、銀座でしか扱っていない限定モデルの指輪をね」

「でも、質屋の領収書がスーツから出てきたじゃないですか」

「あれは、知り合いの質屋、つまり、さっきまで乗り移っていたあのおじいさんに、俺がお願いをして、但し書きに『指輪代』って書いてもらった領収書なんだ」

「なんで……そんなことをしたんですか？」

「Kの声が少し上ずり始めた。そんな高級な指輪を突然プレゼントしたら、一番そばにいる静子が心

配するに決まっているじゃないか。あいつ、指輪をもらって本当は嬉しいくせに、ずっと作り笑顔をしていてさ……だから、安心させるために、わざと質屋の領収書をスーツの内ポケットに突っ込んで、静子に見つけてもらうように仕込んだんだよ」

Kは何も答えなかった。北条は一回、大きな咳払いをすると、ゆっくりとした口調で話し始めた。

「さて、ここからが本題だ。今回、指輪を銀座の三越で買ったこと、そのあと、質屋の領収書をスーツに突っ込んで、静子にわざと見つけてもらえるように細工したことを知っているのは、俺しかいない。それなのに、天国にある個人情報は、俺のついた『ウソの情報』の方を記録していた」

「じゃあ、おそらく天国の資料の方が間違っていたのかもしれませんね」

「いや、その可能性は低いな。今までKが俺に言ってきたエピソードは、すべて本当のことばかりだった。娘にウソをついて芸能人のサインを真似して書いた話や、キャバレーの渚ちゃんに入れ込んだ話、そして静子に買ってやったコロッケの話も、すべて……すべて本当のことばかりだった。いや、正確に言えば……」

北条は言葉を一旦、止めると、大きく息を吸い込んでから次の言葉を発した。

「すべて、死んだ静子しか知らないエピソードばかりだった」

Kは北条のことを黙って見つめていた。先ほどとは違って、かなりKの表情は落ち着いて

第四章　部長課長が同期との競争に勝って出世する方法

いる様子だったが、その心のうちは興奮している北条には分からなかった。しばらく沈黙が続いた後、北条は再び口を開いた。

「『天国ならなんでもお見通し』という大前提があったから、なんの疑問も感じないでKの話を聞いていたが、今回の指輪のエピソードだけは、俺が静子についたウソのとおりに、話がまとめられていた。そう考えて、過去のエピソードを振り返ってみたら、妻の静子なら知っていそうな話ばかりだったということに気がついたんだ」

「素晴らしい想像力ですね」

「ちゃかすのは止めてくれ！」

北条は大声で叫んだ。

「お前、本当は……静子なんだろ？」

「違いますよ！　前にも言ったじゃないですか。天使には過去の記憶がないって。たとえ私が過去に北条さんの奥さんの静子さんだったとしても、私にはその記憶がインプットされていないから、その答えには回答できませんよ」

「でも、現に指輪のエピソードは……」

「北条さん！」

Kは力強くそう叫ぶと、今までに見せたこともない真剣な表情で話し始めた。

「仮にですよ。もし、私があなたの死んだ奥さんの静子さんだとしたら、あなたはどうする

263

んですか？このままゲームをリタイアして天国へ行くんですか？」

しばらく北条は黙ったあと、ゴクリと一回唾を飲み込んで答えた。

「……そのつもりだ。今までのゲームの結果をすべてナシにする。そして、俺は……静子の待つ天国へ行く」

「ちょ、ちょっと待って下さい！　い、いいですか？　何度も言いますが、私が静子さんだっていう保証はどこにもないんですよ！」

「構わん！　俺は静子の待っている天国に行くんだ！」

そう言うと、北条は力いっぱいKの胸倉を掴んで持ち上げた。しかし、Kはチラッとスクランブル交差点に目をやると、何かを見つけたのか、急に落ち着きを取り戻して、静かに口を動かし始めた。

「分かりました、北条さん。じゃあ、こうしましょう。その結論は、最後の五人目のターゲットを確認してから決めましょう。次に北条さんが幸せにしなくてはいけない人は、今、あそこのスクランブル交差点を渡ろうとしている青いジャケットを着た青年です」

Kはそう言うと、胸倉を掴まれたまま、交差点を指差した。北条はその方向に目をやり、その人物を確認したとたん、血液が体中の毛穴から飛び出すほどの激しい鼓動に襲われた。

「おい……あいつは、娘の恭子の……婚約者じゃないか！」

北条はそれだけ言うと、Kの胸倉を掴んでいた手を放して、呆然と立ち尽くした……。

第五章 会社の戦略が変われば、組織も当然、変わる

スクランブル交差点の信号が、なかなか青に変わらなかった。赤木俊平は、身体をソワソワとゆすりながら信号を待ち続けていた。

そんな時に、青いジャケットの内ポケットに入れてあった携帯電話がけたたましく鳴った。取り出してみると、待ち受け画面には「公衆電話」という文字が載っていた。

「もしもし」

赤木がいつもより低い声で電話を取ると、相手はしばらく黙った後、「もしもし、私」と沈んだ声で返してきた。

「恭子、まだ病院にいるのか？」

「ええ、お医者さんが、『今日が山場になる』って言っているから」

その言葉を聞いて、赤木は心の中で「とうとう、その時が来たか」と思った。

5日前、恭子の父である北条健一が、首都高速で事故を起こしたと聞いて、病院に駆けつけたのだが、集中治療室の様子を見て、医療の知識がまったくない赤木でも、北条が命に関わる状況だというのがすぐに分かった。

だから「今日が山場」と聞いても、赤木にはさほど驚きがなかった。しかし、その冷静さが恭子に伝わるとまずいと思い、わざと大げさに慌てた口調で返事をした。

「ほ、ホントなのか？」

「ええ、お父さん、もしかしたら、もう……」

第五章　会社の戦略が変われば、組織も当然、変わる

「縁起でもないことを言うな！　一人娘の恭子があきらめてどうする！」

「……うん」

恭子は涙声になって、か細い声で言葉を返すのがやっとだった。

「こういう時こそ、お父さんをそばで励ましてあげるべきだよ」

「うん……ありがとう」

赤木は軽い世間話をした後、最後に「がんばれ」と声をかけて携帯電話を切った。そして、大きく深呼吸をして、我に返ったように腕時計に目を落とした。

「ちっ、こんな時間だ！」

そう言うと、人ごみを掻き分けてスクランブル交差点に飛び出し、タクシーを止めた。運転手に「恵比寿まで」と目的地を告げると、タクシーの後部座席にふかぶかと身を沈めた。「ふぅー」と大きなため息をつくと、ワイシャツを第二ボタンまで外して、タクシーの中にかかるエアコンの涼しい空気を身体に流し込んだ。

「……どういうことなんだ！」

語気を強めながら、赤木はひとりつぶやいた。

「社長！　とにかくお金がないんですよ！」

赤木がオフィスに到着するなり、経理担当の女性が大声を出して駆け寄ってきた。その女

性が手に持っていた通帳を乱暴に奪い取ると、記帳された最新のページをめくってみた。
「おい……600万円しかないじゃないか！　なんで、こんな状況になるまで、ほったらかしにしておいたんだ！」
「すみません！　すみません！」
女性はおろおろしながら平謝りするばかりだった。赤木はもう少し事情を尋ねようとしたが、目に涙を浮かべながら、ただ謝る彼女に、何を聞いても情報は得られないと思った。
そもそも、大学を出て、まだ1年も経っていない素人の女性に、経理を任せてしまった自分にも責任がある。ちょっと顔が長澤まさみに似ているという理由だけで、新卒社員として採用し、逆に泉ピン子に似た熟練経理の派遣社員との契約を打ち切ってしまった自分の浅はかさを後悔した。
「社長、どうしましょう……」
動揺した長澤まさみ似の女性は、落ち着きがなさそうにオフィスをうろうろ歩いていた。
「とりあえず落ち着いて考えるんだ。この通帳、本業の北欧家具の卸販売の口座だよな？
じゃあ、自由が丘のフレンチレストランの通帳の残高は、いくらなんだ？」
「全然だめです。こちらは毎月残高が足りなくなり、本業の北欧家具の通帳から資金を回しているぐらいです。今の段階ではレストランの口座には5万円の残高しかありません」
「それなら、人材派遣業の口座もあったはずだろ？　あれは仕事の依頼も増えてきているか

268

第五章　会社の戦略が変われば、組織も当然、変わる

ら、少しは口座にお金が残っているはずだ」

　赤木がそう言うと、経理の女性は首を大きく左右に振って、泣きそうな顔をした。

「こちらは昨日までは通帳に4000万円もあったんです。ただ、今日、派遣社員に合計3500万円の給料を支払ったので、残高は500万円しかありません」

　赤木は、経理の女性から手渡された人材派遣業の2つの新規事業は、いつもお金がないのか、さっぱり理由が分からなかった。

　自由が丘にあるフレンチレストランは、3年前に開業したテレビや女性誌でも取り上げられる人気のお店である。しかし、なぜか運転資金がいつもカツカツだった。

　もうひとつの同時期に始めた人材派遣業は貿易会社専門で、英語とスペイン語が話せる事務職に特化した派遣を展開し、こちらも派遣に3ヶ月待ちを要するぐらい盛況だった。しかし、やはり給料を支払ったあとの口座には、いつもお金がなかった。

　特に、フレンチレストランの資金繰りが悪くて、本業である北欧家具の卸販売で儲かったお金を回している状態が続いていた。そして、ここにきて本業の銀行口座も残高が少なくなってしまったのである。

「合計すれば、いちおう1000万円ぐらいはあるじゃないか。今月末に支払わなくてはいけない金額って、いくらになるんだ?」

赤木は低い声で経理の女性に尋ねた。

「いつもなら、月末の支払いは、銀行への返済も合わせて2000万円ぐらいなのですが、今月末は法人税と消費税の支払いが2000万円もあって、合計4000万円が必要になるんです。今ある1000万円を差し引いても、あと3000万円は足りません」

赤木は軽いめまいがした。儲かっていないから、通帳にお金がないはずなのに、なんでそんなに税金を支払うのかと聞きたかったが、その理由を彼女が分かるはずもない。銀行からは、すでに融資枠ギリギリのお金を借りてしまっている。かといって、年金暮らしの両親にお金を借りに行くわけにもいかない。

「あっ！」

赤木はその時、婚約者である恭子の父親である北条健一のことを思い出した。カリスマ経営コンサルタントとしてテレビにも出演し、財界や政界にも友達がいると聞いている。もしかしたら、3000万円ぐらいであれば、無利息で貸してくれるかもしれない。

赤木は携帯電話を手に取ったが、その瞬間、我に返り「どうかしている」とつぶやくと、それを机の上に放り投げた。

そして、気持ちを落ち着かせるために、ポケットにあったマルボロを取り出して、ジッポーライターで火をつけた。マルボロの苦い煙を肺の奥まで吸い込むと、脳天にすっとニコチンが流れ込むような感触に襲われて、全身の力が軽く抜けていくような感じがした。

第五章　会社の戦略が変われば、組織も当然、変わる

そのとき、ふと手に持っているジッポーライターに目をやった。このジッポーライターは、恭子の前に付き合っていた亜里沙という女性から、誕生日にプレゼントされたものである。

亜里沙は異業種交流会で知り合った経営者の一人だった。29歳という若さで東京を中心に宝石店を8店舗も構えており、年商13億円の売上を誇るジュエリー店舗の女社長として、経済誌にもたびたび取り上げられていた有名人でもあった。赤木は2年ほど付き合ったのだが、すれ違いが続いて、そのまま自然消滅してしまった交際相手だった。

そんな思い出にふけっているとき、赤木の頭の中にはある考えが浮かんだ。道理的には間違っている行動だと思ったが、すでに赤木の指は、携帯電話の番号を押すことを止めることができなかった。

北条とKは、赤木の近くのソファに二人で腰かけていた。

「やっぱりダメな男だと思ったんだよ」

「娘の恭子さんは苦労しますね」

「ああ、しかも昔の彼女にお金を借りに行くなんて、男として最低だな。あの話し方だと、ヨリを戻す可能性だって十分にある……あいつは、許せんな」

「では、北条さんは赤木さんを助けてあげないんですか？」

「当たり前だろ！　結婚前に昔の彼女にお金を借りに行くような男を、もろ手をあげて大歓

迎する親なんていないだろ。あんな男は、どこかでのたれ死ねばいいんだ」
「でも、彼がのたれ死んだら、結婚した恭子さんものたれ死にますよ」
　北条は言葉が続かなかった。
「それに、ここで赤木さんを助けなければ、ゲームは途中棄権となって北条さんは現世への復活の道が閉ざされます。そしたら娘さんの結婚式にも出られませんよ」
「別にいいよ。もう現世には未練がないんだから。さっきも言っただろ？　俺は早く天国に行って静子に会いたいんだ」
「またその話ですかぁ」
　Kは両手をあげて「やれやれ」というジェスチャーをすると、大きなため息をついた。
「さっきから言っているとおり、私には記憶がないから、その質問には答えられません」
「そんなのはどうでもいい！　いいか！　もうこれでゲームは終了だ！　俺は現世には興味がないし、あんなバカ男を幸せにする気も毛頭ない！　早く天国に連れていけ！」
「ダメです！　北条さんは娘さんを助ける義務があります！」
「そんなの俺が決めることだ！」
「冷静になって下さい！」
　Kは大声を張り上げた。初めて感情をむき出しにしたKの態度に、思わず面をくらった北条は、ひと言も発せられなくなってしまった。

第五章　会社の戦略が変われば、組織も当然、変わる

一瞬の沈黙の後、Kはゆっくりと、そして力を込めてひと言ひと言話し始めた。

「いいですか？　北条さんがいなくなったら、娘さんは本当にひとりぼっちになってしまうんですよ。今、娘さんを守れるのは、北条さんしかいないんですよ！」

「……」

北条はうつむいて、黙ってKの話を聞いていた。子供のように唇を尖らせて、じっと腕を組んで、何度も上を見たり下を見たりしていたが、やがて、一人でうんうんとうなずきながら、静かに話し始めた。

「ひとつ、聞いていいか……Kならどうする？」

「えっ？」

「あの赤木さんという男をこのままにしておくと、絶対に娘さんは不幸になります」

「Kが俺の立場だったら、どういう選択をする？　死んだ妻のところへ行くために、すべてを放棄して天国に行くのか？　それとも、娘のためにダメな婚約者を助けるのか？　まぁ、助けに行っても、気に食わない娘の婚約者を前に感情的になりそうだから、成功する見込みは小さいと思うがな」

「私なら……ダメな婚約者を助けに行って、娘と一緒に『幸せ』にします」

「それは、天使としての立場の発言なのか？　それとも……」

「『母親』としての、発言なのか？」

Kはその質問に対して、一瞬、表情をこわばらせたが、小さな笑みを作りながら答えた。

「ご想像に、お任せします」

その言葉を聞いて、北条は唇の上を少しひきつらせた。

困惑した表情なのか分からなかったが、その判断を下す前に、Kにはそれが笑顔なのか、それともはっきり叩いて、ソファから立ち上がった。

「よし、今から亜里沙という女がいるお店まで行って、赤木にアドバイスしてやる」

「ホントですか！ やっと決心がついたんですね」

「娘の幸せを願わない親なんて、いないからな」

北条はそう言うと、事務所のドアを押し開けて表に出て行った。

セグメントごとに数字を把握するのが、大前提

亜里沙は相変わらず、水商売の女性と間違われるような派手な服を身にまとっていた。豹柄のミニスカートに黒のタンクトップ。化粧は紫を基調にした大人びたものだったが、童顔のせいか余計に色っぽさが増していた。

「で、相談って何？」

274

第五章　会社の戦略が変われば、組織も当然、変わる

亜里沙……正確には北条がすでに乗り移っている亜里沙は、コーヒーを差し出すと、ショーケースを挟んで赤木に話しかけた。
「実は、会社の運転資金が急に足りなくなっちゃってさ」
「あら、北欧家具の商売が調子よかったんじゃないの？」
「いや、2年前に始めた事業の資金繰りが苦しくなっちゃってね」
「あの儲かりそうもないフレンチレストランと、資金繰りが悪い人材派遣業ね」
「あれっ？　お前と付き合っているときには、まだ始めていなかったと思ったけど？」
亜里沙に乗り移った北条は、思わず口を滑らせたことに焦ったが、強引に話を押し切ることにした。
「バカねぇ！　あなたのことがずっと気になっていて、チェックしていたのよぉ」
「亜里沙……」
赤木は顔を赤らめてじっと亜里沙のことを見つめていた。実の娘の婚約者を誘惑している自分に、北条は頭がこんがらがってしまいそうだったが、構わず話を進めることにした。
「で、お金はいくら足りないの？」
「税金の支払いもあって、今月末までに、あと3000万円が必要なんだ。今年、経理の女の子が新人に変わったんだけど、俺がちゃんと指示していなくてさ」
「ふーん、それで私のところにまで借りに来るってことは、相当、困っているのね？」

「頼む。とにかく俺に3000万円を貸してくれないか。今月末の支払いさえ乗り切れば、あとは分割にはなるけど、キッチリ利息もつけて返すからさ」

ショーケースの上で頭を下げる赤木を見下ろしながら、亜里沙は軽いため息をついた。

「会社にお金がないこと、あなたのフィアンセさんは知っているの？」

「……教えていない」

「そりゃ、言えないわよね」

亜里沙の「ふっ」という乾いた笑いが、誰もいない店内に響いた。

「彼女のお父さんは、今、交通事故にあって病院で意識不明の重体が続いている。あまり心配をかけたくないんだ」

「じゃあ、前の彼女に頭を下げてお金を借りに来ていることも、知らないんだ」

赤木が顔を上げると、額からは汗が滝のように流れ落ちていて、唇はプールから上がったときのような紫色になっている。その姿を見て、亜里沙に乗り移っている北条は、少し気が晴れたこともあり、本題に話を切り替えることにした。

「分かったわよ。お金、貸してあげてもいいわよ。ちょうど次のお店を横浜にオープンするつもりで、用意していたお金があるのよ」

北条は、赤木が到着する前に、先回りして亜里沙の会社の財務状況を調べ上げていた。

「ホントか！　た、助かるよ」

第五章　会社の戦略が変われば、組織も当然、変わる

赤木は緊張が解けたのか、ぐったりとショーケースにうつ伏せた。

「ただし！　お金を貸すからには、今のあなたの会社の決算書を見せてもらうわ。私、お金には困っていないけど、さすがに3000万円というお金が返ってこなくなるのは嫌だわ。だから、あなたの会社の財務状況をキッチリ調べて、本当に元本を返済できるのか、利息はどのくらいまで支払えるのかを知りたいのよ」

「そ、そうだな。まぁ、その気持ちも分かるよ。そう言われるんじゃないかと思って、うちの会社の決算書は持ってきたんだ」

赤木はカバンの中から会社の決算書を取り出した。亜里沙は手渡された決算書をひととおり見ると、すぐに赤木に突っ返した。

「これは会社全体の決算書でしょ？『北欧家具の卸販売業』、『レストラン事業』、『人材派遣業』の3つの事業を展開しているんだから、セグメント別の決算書が欲しいのよ」

「セ、セグメント？」

「ビジネスごとの決算書のことよ、作っていないの？」

「あ、ああ。同じ会社の中でやっていることだから、ひとつで十分かなぁと思って」

「だから、こんな状況になっちゃうのよ！　いい？　ビジネスごとの決算書を作らなきゃ、どの事業が儲かっていて、どの事業が足を引っ張っているか分からないじゃないの」

「それだったら、俺、なんとなく感覚的に分かっているよ。商売のセンスはいいからさ」

「バカ！　じゃあ、なんで資金繰りが詰まって、私のところにお金を借りに来ているのよ！　全然、分かっていないじゃない。とにかく、それが分かる資料は持ってないの？」

赤木は亜里沙の迫力に押されて、少し腰が引けながら話し始めた。

「こ、このパソコンから、うちの会社のサーバーに入れば、すべての資料が見られるはずだよ」

「まさか、銀行の通帳も、1つを使い回しているんじゃないでしょうね！」

「そ、それは大丈夫だよ！　通帳は3つの事業ごとにそれぞれ分けてるよ。最初は一緒でもいいかなって思ったんだけど、さすがに顧問の会計士に相談したら怒られちゃってさ」

「当たり前よ！」

亜里沙はいらだつ気持ちを抑えながら、パスワードを聞き出してサーバーに入ると、20分ぐらいで簡単なセグメント別の決算書を作り上げて、赤木に見せた。

「見て、この数字、前期のレストランは赤字でしょ？　この事業は最初に内装設備や厨房などの『固定資産』に投資して、そのあとの利益でお金を回収していくビジネスモデルなの。でも、儲かっていないから、投資したお金が戻ってくるどころか、さらにお金を使っているわ。一方、人材派遣業は黒字になっているけど、この事業って、売掛金の入金よりも前に派遣社員に給料を支払うから、売上が伸びるほど資金が必要になるのよ」

「これじゃ、会社にお金がないはずだな」

第五章　会社の戦略が変われば、組織も当然、変わる

「いい？　会社を立ち上げて何年も経つと、売上が入金されて、それを経費として支出しているって勘違いしてしまうの。どんなビジネスでも、儲かっているときだって、先にお金を支出して、それを売上で回収するという循環が続くのよ。最初に事業を始めるときに、お金を出せば、あとは勝手に回るなんて大きな勘違いよ。それなのに、2つの新規ビジネスを同時に立ち上げたら、一気に支払いが多くなるに決まっているじゃない。それに、ちょっと、ここを見てよ」

亜里沙はそう言うと、フレンチレストランの決算書を指差した。

「ここ半年間のレストランの売上がすごく落ちているわ。これが、今回の事件の引き金よ」

「あ、あれっ、こんなに売上が下がっていたんだ！　うーん、そんなに席が空いているイメージはないんだけどなぁ」

「そんなスロットで2回か、3回ぐらいバカ勝ちした時の記憶しか残らなくて、負け続けてもずーっとパチンコ屋さんに入り浸っているバカな男みたいなこと言わないでよ！」

「あの……例え話がよく分からないんですが」

「うるさい！　自分が絶好調だった時のイメージだけで事業をやっているから失敗するのよ！　レストランに人がたくさん入ったオープン当初の記憶を引きずって、ずーっとその幻想に惑わされて、現実に目を向けることができなかったってことよ。バカ！」

「そんなぁ……バカバカって言うなよ」

「バカなもんはバカよ！　男はみーんな未練たらしいもんよ！　おおかた、昔惚れた女だから、たぶん、今も惚れてるんじゃないかとか勘違いして、私のところに来たんでしょ？」

「返事ぐらいしなさいよ、バカ！」

「……」

顔を真っ赤にする赤木に向かって、亜里沙は手元にあったボールペンを投げつけた。

リスクを小さくできる方法を考えてから、多角化すべき

気まずい話から沈黙が続いた二人だったが、最初に声を出したのは亜里沙だった。

「ねぇ、ひとつ聞いてもいい？　なんで、この２つの新規事業を始めたの？」

「北欧家具の卸販売が儲かっていて、お金にも十分な余裕があったから……新規事業には、それを使えばいいかなって思ったんだ」

「そうじゃなくて。なんで、フレンチレストランと人材派遣業という業種だったのかって、聞いているのよ」

赤木は立てた頬杖をついて、しれっとした口調で話し始めた。

「あぁ、それは、人材派遣って、今の流行だろ？　なんかベンチャー社長の新規事業って感じがしてさ。それとフレンチレストランは、知り合いの社長が新宿にお店を出したっていう

第五章　会社の戦略が変われば、組織も当然、変わる

経済誌の特集を読んで始めたんだ。1年ですごく儲かっているって言ってたんでね」
「その記事を見て、かっこいいとか思ったんでしょ？　簡単に成功できましたっていう話ほど、信用できないものはないわよ」
「でも、ウソをつくような奴じゃないし、異業種交流会で会ったときには、雰囲気も身に付けているものも、本当に儲かっているって感じだったよ」
「儲かっていたとしても、すぐに成功できるビジネスは、廃れるのも早いことが多いのよ。1年ですぐに儲かったなんていうレストランよりも、10年かかってやっとここまで来ましたっていうアパレルの小売店の方が信用できるわよ」
「アパレルは流行のデザインをマネをしたからって、成功できるもんじゃないだろ。マネするだけで儲かるビジネスを探していたんだ」
「あんた、ビジネスがマネするだけで儲かるって、本気で思ってるの？　ビジネスって、小さなアイデアによって、現場で地道に改善し続けることで、初めて儲かるものなのよ。だから、マネしたとしても、その会社は儲かるために、さらに新しい改善をしているから、絶対にマネなんてできないわ。よくそんな考え方で、北欧家具の卸販売が成功できたわねぇ。やっぱり、商売は『運』っていう要素が大きいんだって、改めて感じちゃうわ」
「亜里沙、ちょっと会わないうちに、性格が60歳のおやじみたいに、嫌みったらしくなってないか？」

亜里沙はあきれた顔をしたまま、赤木の言葉を無視して、紙に書き始めた。

① 同じ業種に事業を拡大することで規模の経済性が発生して、利益を大きくする
② 川上、川下に事業を拡大することで、コストの削減やお客のニーズに応える
③ 多角化経営することで、将来の会社全体のリスクを小さくする

「いい？　どんな会社でも事業を拡大しようとするときには、この３つのうちのどれかを選択することになるのよ。で、この順番はなにか分かる？」
「順番って、①、②、③のこと？　これ何かを表わしている数字なんだ」
赤木がそう言うと、亜里沙は小さなため息をついた。
「知らなかったとしても、なにか想像してみるとか努力はしないの？」
「また嫌味だな……」
「まず、どんな会社も①の今の事業を拡大していくことが基本になるの。例えば、お弁当を作っている食品工場が、スーパーだけじゃなくてコンビニにも卸すことで、製造する商品が大量になれば、固定費が分散して商品１個当たりの原価が下がることになる。これを、『規模の経済性』っていうのよ」
「規模の経済性？」

「材料も大量に仕入れるようになれば、売上原価が下がれば、粗利益も大きくなる。つまり、同じ業種で事業を拡大していくことは、すべての経済活動の中で基本なのよ」

「そうは言っても、日本では、北欧家具の需要がそんなに多くないから、今の事業を単純に拡大するのは無理だよ」

「別に、まったく同じでなくてもいいでしょ。北欧の家具の製造会社なら、ドアや窓だって作っている可能性が高いわ。お客さんって、個人だけじゃなくて、戸建てやマンションの販売会社もいるんでしょ。そこに、北欧のドアや窓を提案してみればいいじゃない」

「そう言われてみると、お客から何度か聞かれたことがあったな」亜里沙はそんな赤木の態度は我関せずで、話を続けた。

「今の事業を拡大するだけだから、人材もそのまま活かすことができるし、取引先の新規開拓も必要ないでしょ？ 今の家具と一緒に輸送すれば、コストも下げることができるかもしれない。とにかく、新しいノウハウがそれほど必要なくて、失敗するリスクが一番小さいから、この路線で事業を拡大していけばよかったのよ」

「なるほど。同じ業種なら、利益率も分かっているし、資金繰りも今までと変わらないから、確かに大きく失敗しそうもないなぁ」

「それで、①の方法をよーく検討して、この路線は無理だという結論になったら、次に考えるべきなのが、②の川上、川下に事業を拡大する方法なのよ。例えば、アパレル会社が海外に工場を作るって新聞に載るでしょ？　OEM製造よりも自社の工場で作った方が利益率が大きくなるからなのよ。これが『川上に事業を拡大する』ってこと。一方、フィギュアを作っている会社なんかが、アニメグッズの専門店を出しているでしょ？　そのことで、お客のニーズを分析して、新しい商品に反映させたり、リピート率を増やしたりするのよ。これが『川下に事業を拡大する』ってことなのよ」

「でも、それって、そんなに世の中で頻繁に起きていることなのかな？」

「それは、あなたが知らないだけなのよ。川上や川下に事業を拡大すると、今までの取引先と競合会社になってしまうことが多いの。だから、子会社を作って、社長や事務所の場所も変えていたりするのよ。株主はどこにも公表されないし、知る手段もない」

「なるほど。確かに、子会社を隠れ蓑にすれば、取引先には分からないな。でも、俺の場合はどうだろう？　今は北欧家具の卸販売だけど、これを北欧に自分で工場を建設して、そこで製造した商品を日本に持ち込んで販売する商売に拡大するってことだろ？　そんな大規模なビジネスモデルは、お金がかかりすぎて無理だよ」

「自分だけじゃ無理でも、共同で工場を作ることもできるし、北欧家具を作っている会社と一緒に、日本で小売店を作ってもいいんじゃないの？　これは、①よりもリスクはあるけ

第五章　会社の戦略が変われば、組織も当然、変わる

ど、今まで取引がある業界への進出だから、儲かるかどうかを判断できる目は、新規参入してくる人よりも全然あるでしょ？」

「それだけじゃないわ。既存の事業にとってもメリットがあるのよ。例えば、新しい顧客を開拓できたり、無駄な販売手数料を削減できたり、在庫や支払サイトが調整できたりすれば、売上も利益率も上がるし、資金繰りだって楽になるわよね」

「確かに、今の取引先や知人の人脈を使えば、共同で工場を作ることもできるかもしれないなぁ。そこで、うちの今までのノウハウを使って、家具のカラーや柄を変えれば、今までの個人のお客だけではなく、事務所やレストランにも売れる気がするよ」

「最後に……ここまで説明すればもう分かったと思うけど、さっき書いた3つはリスクが小さい順に並んでいたのよ。つまり、もっとも事業として失敗する確率が大きいのは、③の多角化なの」

「多角化……」

「新規事業を始めるときに一番重要なのは、それをやる目的なのよ。ところが、多角化は、ビジネスの目的がハッキリしないことが多いのよ。なぜ、そのビジネスをやる必要があるのか、その業種を選んだ理由も必要になるわ。相乗効果もないから、既存の事業の売上や利益が伸びるわけでもなく、社員にも明確な説明ができなければ、協力もしてくれないでしょ。

それで、目的も決めずに、なんとなく売上と利益を追い続けて、撤退のルールもないから赤字でも続けてしまう」

「でも、今の事業と全く関連しない事業に進出した方が、将来の会社全体のリスクは小さくなるはずだよ」

赤木は前に読んだ経済誌の記事を、さも自分の意見のようにもっともらしく話し始めた。

「さっきの食品会社の事例なら、小売店のお弁当で食中毒が出たら一気に売上は下がるだろ？　それが、小売店側の管理が悪かったという原因でも大打撃になってしまう。アパレル会社だって、工場を作ったとしても、冷夏だったり、暖冬だったりすると、生産調整がすごく難しくなるのはOEM製造で外注した場合と変わらない。これも、地球温暖化が原因だから、会社が悪いわけじゃない。ビジネスが運に左右されるのは仕方がないことだけど、だからこそ、お互いに関連性がないビジネスをやっていれば、そういったリスクは格段と減るはずって考えたんだ」

「ふーん、安直ね」

赤木は亜里沙に見透かされて、急に恥ずかしくなった。亜里沙もそんな赤木の心理がお見通しだったのか、少し声を鼻にかけながら話し始めた。

「それは、多角化が成功している会社を見て、結果的にそう思っているだけよ。ほとんどの

第五章　会社の戦略が変われば、組織も当然、変わる

会社が、関連性のないビジネスに進出して、儲かる前に失敗しているのよ。まったく違う業種に進出するとなれば、それをやるのは既存の事業での考え方や物の見方を変えなければ成功なんてできないでしょ。でも、それをやるのは至難のわざよ」

「なら、お金をあまりかけずに、失敗してもリスクが小さくなるように運営すればいいんじゃないか？　実際に、多角化で成功している会社もあるんだから」

「すべてが失敗するとは言っていないでしょ。例えば、人材派遣業のように法律の改正が激しい業界は、新しいビジネスが生まれる可能性が十分にある。だから、そういった競合会社がまだ少ない分野を狙えば、新規事業として成功する確率は高くなるとは思うわ」

「じゃあ、俺が人材派遣業に参入したのは間違いじゃなかったってことだね」

「話は終わりまで聞きなさいよ！　あなた、レストランにも参入したじゃない。飲

```
                事業の関連性がある
                      ↑
  ①同業種                    ②川上・川下

 参入が簡単で              リスクを見極める
 ノウハウも活かせる          ことができる

コスト低 ←――――――――――――――――→ コスト高
                  ③多角化

 初期投資が小さければ        多角化の中でも
 リスクは限定              リスクが大きい
                      ↓
                事業の関連性がない
```

図㉖

図㉗

287

思い込みで戦略を決めてはいけない

食業のように、すでに成熟した業種は競合会社が多いから、投資金額を大きくしてコストをかけないと成功できないのよ。ハイリスク・ハイリターンなビジネスなのに、ノウハウもなく始めたから、レストランの赤字がこれほどまで大きくなっているんじゃないの。もともと、レストラン事業を選択したことが正しかったの？」

「そんなこと言われても、もう事業を始めちゃったんだし……」

「私が言いたいことは、まったく知らない事業への多角化で成功するのは難しいってことを肝に銘じて欲しいのよ。それでも、多角化したいなら、フランチャイズに加入して一店舗やってみるとか、M&Aですでに成功している店舗を買ってくるとか、大手のレストラン会社と業務提携するとか、自分達でノウハウを貯めてから独自のレストランを作ればよかったんじゃないのかって言っているの。しかも、知り合いの社長が成功しているから、自分もうまくいくんじゃないかっていう安易な考えで始めて、多角化が成功できるわけがないわよ」

「……多角化が無謀だったってことも、今回の問題の原因はレストラン事業だってことも分かったよ。それで、俺の会社は、亜里沙からお金を借りられるのかな？」

「結論はまだよ。一番の問題だと判明したレストランの数字を検証してみないとね」

第五章　会社の戦略が変われば、組織も当然、変わる

亜里沙は、カウンターのイスに腰をかけると、先ほど作ったセグメント別の決算書を見ながら話し始めた。
「まず、このレストランの食材の原価率が40％もあるわ。飲食店の原価率は30％以下に抑えないと、赤字になるのよ。なんで、こんなに原価率が高いのか、心当たりある？」
「食材をフランスから直輸入しているんだよ。本当においしいからこそ、芸能人も来てくれて、宣伝にもなるんだ」
「だからって、こんなに原価率の高い食材を取り扱っていたら、儲かるわけないじゃないの。それに、レストラン事業の固定資産の金額が異様に大きいわね……えーっと、の合計が4000万円……えっ、なにこれ、1500万円の機械って？」
「ああ、それね、実はスイスからパン焼機を輸入したんだ。やっぱり自分のお店で焼いたパンが一番おいしいだろ」
「何やってんのよ！　ただでさえ、自由が丘という場所で賃料が高いのに、この機械の『減価償却費』も『固定費』になっちゃうでしょ！　『損益分岐点』の売上まで、あと6000万円も足りないわよ！　私も何度かあのレストランに行ったけど、お店の広さから考えて、そんなに座席も増やせないでしょ！　どうやって、売上を上げるつもりなのよ！」
亜里沙はまるで自分の子供のいたずらを叱り散らすように、感情的に騒ぎ立てた。
「しかもよ！　借入金は、ほとんどが短期の返済じゃない！　これじゃ、法人税も高くなる

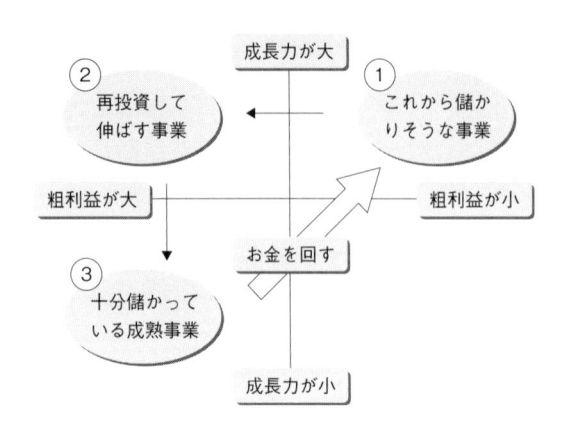

```
         成長力が大
            │
② 再投資して   ①これから儲か
  伸ばす事業 ←  りそうな事業
            │
粗利益が大 ──┼── 粗利益が小
            │  ↗
③ 十分儲かって  お金を回す
  いる成熟事業
            │
         成長力が小
```

図㉗

はずよ！　どうして、もっと長い返済期間で設定しなかったのよ！」

「うーん、これはレストランじゃなくて、北欧家具を仕入れる運転資金として銀行に借入を申し込んだから、短期になったんだ。レストラン事業として借りたのは、内装設備で使った4000万円だけで、それは長期の返済にしているよ」

「でも、卸販売業のお金をレストランの通帳に振り込んで、保証金や機械を買うのに使ってるじゃない！　それは、レストランで借りたのと、同じことでしょ！」

泣きそうな顔をして反論してこない赤木を横目に、亜里沙は紙に図を書き始めた。図㉗

「いい？　会社はそれぞれのセグメントが、この図のどこに位置するのかをいつでも検証しなくてはいけないのよ。左下の③に位置する事業は、成長は終わっているけど、粗利益が大きくて、お金を生み出すわ。このお金を使って右上の①のこれから成長できる事業を育てていく

第五章　会社の戦略が変われば、組織も当然、変わる

のよ。その事業が儲かってくると左上の②に移動して、自分で稼いだお金を自分の成長のために使うことになるわ。もし足りなければ、左下の③の事業のお金も使うけどね。それで事業が成熟してくると最後は左下の③に移動していくの。もちろん、事業が左下の③に行ったとしても、その粗利益を大きくする努力を続けていくわ」

「じゃあ、会社としては、左下の事業をできるだけ増やすことを目指せばいいんだ」

「ただ、どんなビジネスでも時間が経てば陳腐化して、粗利益はいつかは小さくなって清算することになる。それは、左下の③にある事業でも同じなの。だからこそ、会社が儲かり続けるためには、いつでも右上の①の新しい事業を作って育てることが大切なのよ」

「セグメントって、事業のことだよね？　じゃあ、新しい事業に参入していくのは、会社の将来にとっては、いいことなんじゃないの？」

「誰も『セグメント＝事業』なんて、言ってないでしょ？　私の会社は宝石の小売業しかないわ。あなたの考え方だとセグメントは１個ってなっちゃうじゃない。そしたら、私の会社は将来性がないってこと？」

「いや、だから、その……亜里沙も新しい事業を考えなくっちゃね」

赤木はまずいことを言ったと思い、ヘラヘラと笑いながら、後ずさりを始めた。

「セグメント別の資料も作っていなかった、あなたにだけは言われたくないわよ。いい？　経営者はセグメント別に意思決定をするから、会社の進むべき方向、つまり戦略に従って

セグメントを決めるのは、会社によって違ってくるの」
「じゃ、亜里沙の会社のセグメントって、何なの?」
「私の話を聞いている? なんで最初に戦略を聞かないのよ。まぁ、あなたの会社にはセグメントがなかったんだから、戦略もなかったんだろうけどね」
「いや、『ちゃんとビジネスで儲かる』っていう戦略はあったよ」
「会社が儲かることを目的にするのは、当たり前でしょ! 戦略っていうのは、会社が儲かるために、自分ができることを分析して、その中から、どのビジネスモデルを選択して競合会社と差別化していくのかを決めるってことなのよ」
「じゃあ聞くけど、亜里沙の会社の戦略って、何なの?」
「私の会社は、海外の有名ブランドでもないし、テレビにCMを打てるほどの資金力もないわ。そこで、小さくてもいいから店舗を増やすことで信用力を強化すること、地域に密着して宣伝を行うこと、そして、お客のアクセスをよくしてアフターサービスを充実させるという3つの戦略を立てたのよ。だから、出店場所も駅の近くで、一箇所に固まらずに散らばっているの。それで、毎月、店舗ごとに決算書を作って、この図に書き入れてチェックしているのよ」
「それを見て、宣伝方法から売上の目標まで、バラバラに設定しているのか。亜里沙の会社って、8店舗あったよね?もし、もっと増えたら管理が大変だよなぁ」

第五章　会社の戦略が変われば、組織も当然、変わる

「会社の規模が変わったり、新しいビジネスを始めたら、戦略も変えなくちゃいけないわ。たぶん、今の2倍の数になったら、私一人ですべての店舗に目を行き届かせるのは絶対に無理だし、正しい判断もできなくなる。だから、そのときには、何店舗かまとめた地域をセグメントにすると思うわ。そのセグメントごとに責任者を置いて、その利益をもとに意思決定することになるわね。それを目指して、責任者となるべき社員も育てているのよ」

「でも、毎月、店舗ごとの決算書を作るのは大変な作業だろ？」

「今の店舗が儲かってくれないと新規出店のためのお金も貯まらないし、まだ宣伝のチラシなんかを作れる人材もいないから、私がすべての店舗の意思決定を行っているのよ。数字がなければその意思決定はできないから、作業が大変でもやらなきゃいけないでしょ。それに、うちの商品は1個の単価が高いから、棚卸しは頻繁にやらなきゃ心配だしね。ただ、決算書を作るのは、時間をかければできることだからいいわよ。問題は、戦略に合った組織を作れるかってことなの。人材だって、どれほどうまく教育できるかなんて分からないし、辞めちゃうこともあるからね」

「セグメントごとに意思決定するから、それに従って組織も決算書も作り変えるんだ」

「戦略が変わったら、組織もそれに従って変えるのは当たり前のことよ。だって、組織がうまく機能しなかったら、会社は絶対に儲からないもの。だからこそ、最初に会社の戦略をしっかり決めることが重要なの。いい加減に決めていたら、組織もコロコロ変わって、社員が

「ふーん」

「どうしたの？　何か言いたそうじゃない？」

「いや……ちょっと昔のことを思い出してたんだけど……亜里沙、こんな話題はなかったよな？　いつそんなことを勉強したんだ？」

一瞬、亜里沙に乗り移った北条は「やりすぎたか？」と思った。

私はプライベートで仕事の話をするのは嫌いなのよ」

赤木はどことなく腑に落ちないような顔をしていたが、再び話を続けた。

「ところで、もう一回、さっきの図を見てちょうだい。あなたの会社のそれぞれのセグメントは、この図のどこにあるのか分かる？」

「卸販売業は左下の③だね。レストラン事業と人材派遣業は、まだまだこれから育てていく必要があるから右上の①かな」

「それが答えなの……」

赤木は、「なんで？」という不思議な顔をして、もう一度、先ほどの図を見直した。

「うーん、卸販売業は③で、レストラン事業と人材派遣業は①で、間違いないよ」

「じゃあ、私、やっぱり3000万円のお金を貸すのは止めとくわ」

「えっ！　さっきはお金を貸してくれるって言ったじゃないか！」

ついてこなくなっちゃうわ」

第五章　会社の戦略が変われば、組織も当然、変わる

「セグメント別の決算書を作って、しかも図まで書いて説明してあげているのに現状を理解できないなんて、経営者としての資質がないんだもん。これからも、間違った意思決定をするに決まっているわ」

「ちょ、ちょっと、そんなぁ！　お願いだよ！　なんとか会社を立て直すからさ」

赤木はショーケース越しに亜里沙の袖を掴むと、頭を下げて擦れた声で叫んだ。

「じゃあ、具体的にどうやって？　セグメント別に管理していなかったから、レストランの社員達は、今までのやり方で問題ないって思って、ずっと仕事をやってきたのよ。それを、いきなり『あなた達の仕事は赤字でした』ってことを、どうやって彼らに理解させて、やる気にさせるのよ！」

「みんなに言えば、儲かっていないことは理解してくれるよ」

「それは、このセグメント別の決算書を見せればいいだけでしょ。私が聞きたいのは、このレストランで利益を出すための戦略と、そのために社員は具体的に、どうすればいいのかってことなのよ！」

亜里沙は、その答えを考え込んでいる赤木を無視して、電卓を叩き始めた。

「このレストランの営業キャッシュフローを見てみなさいよ。マイナスになっているわ」

「それは、設備投資した『減価償却費』があるから……」

「残念ながら、営業キャッシュフローの計算には、減価償却費は関係ないのよ」

「じゃ、減価償却費をゼロにしても、赤字ってことなのか？」
「あんた、毎月、卸販売の通帳から、レストランの通帳にお金を移動させていなかった？」
「ああ、言われてみれば、レストランは資金が不足していたな」
「設備は、最初に投資すれば、そのあとのお金はいらないでしょ。理由は、食材の売上原価だけじゃなくて、お店の賃料の月2から、こんなことになるのよ。セグメントごとの決算書を作っていないマイナスだから、毎月、お金が不足していたのよ」
「ええー。でも、あのレストランで、何がそんなに資金繰りを圧迫しているのかな？」
「会社のこと、何にも分かっていないじゃない！　営業キャッシュフローが50万円が高すぎるのよ！」

数十秒の沈黙の後、硬い表情の赤木の口がゆっくりと動いた。

「フランスに出張に行ったときに……フレンチのおいしさに感動して、多くの人にこの味を知って欲しいって思って、できるだけ大きなお店を作ったんだよ」
「友達のウソくさい成功話を読んで始めたんじゃなかったの？」
「それは、きっかけで、ずっと前からフレンチレストランをやるのは夢だったんだ」
「ふーん。でも、あなたの理想や夢なんて、どうでもいいわよ」
「どうでもよくない！　大事なことでしょ！」
「それは、あんたにとって大事なことでしょ？　お客にとって大事なことじゃないわ」

第五章　会社の戦略が変われば、組織も当然、変わる

亜里沙はまくし立てるように話し始めた。

「いい？　自分の理想や夢を実現するためだけに、ビジネスをやるなんて最悪よ。『良い素材を使いたい』、『良い設備を使いたい』、『立地の良い場所でやりたい』というのは、一見、お客のためのように思えるけど、それは自分のエゴでしかないわ。肝心なのは『利益を出すこと』。そして、儲かっているからこそ、お客にそれが還元できるのよ」

「このレストランは赤字だから……お客のためにはなっていないって言いたいのか？」

「その通りよ。あんなに利益が出ているディズニーランドにみんな喜んで行くじゃない。ホテルの宿泊代、入場料、飲食代がすべて高いから儲かっているのよ。でもみんな、その値段以上の価値が、ディズニーランドにはあると思っているの。ディズニーランドは儲かったお金を使って、もっとみんなが楽しめるように、新しい乗り物やパレードなどの企画を考え出しているわ。それで、もっと多くの人が来るようになって、できることなのに利益は大きくなっている。これは、お金を儲けることがうまいからこそ、人に夢を与えているじゃない」

「それは、大企業の話じゃないか。うちは、上場会社じゃないんだ！」

「そんなこと関係ないわよ。自分の考え方と違うことを言われると、すぐに『うちは大企業じゃない』って言うのは、中小企業の経営者の悪いくせよ。じゃあ、実際どうなの？　私、先月、このレストランに食べに行ったのよ。そしたら、フレンチとは関係ない服装で、しか

297

もメニューが読めない大学生がウエイトレスだったし、3年間も壁紙を張り替えていないから汚れも目立っていたわ。テーブルのクロスだって汚いし、置いてある花は、前は生花だったけど、造花に変わっていたわよ。お客はおいしい料理を食べに来ているだけじゃなくて、デートだったり、誕生日のお祝いだったり、結婚記念日だったり、大事なイベントを楽しく過ごすために来ているんじゃないの？　私は正直言って、もう一度来たいって思わなかったわよ」

先月、北条は赤木と一緒にそのレストランで食事をしていたので、ダメな部分はよく分かっていた。あのとき恭子の手前、遠慮して言えなかったことを、ここでぶちまけた。

一方、言われ放題の赤木は、呆然と立ち尽くしたまま、亜里沙の言った台詞を何度も頭の中で反すうしていた。

亜里沙の言うとおり、ここ半年間でお客からのクレームは本当に増えていた。一時期は毎週のように来ていたテレビや雑誌の取材もなくなり、店内のコミュニケーションも悪いのか、アルバイトの働き方に対するグチを、社員から何度も聞かされていた。

「じゃあ……俺はどうすりゃいいんだよ。これから、具体的に何をやればレストランが儲かるようになるのか、分からなくなってきたよ」

「じゃあ、私がどうすればいいか、決めてあげるわよ」

第五章　会社の戦略が変われば、組織も当然、変わる

事業を再生させるべきか、撤退させるべきか

亜里沙は先ほどの図に斜めに太い線を入れて右下に丸を描き、おもむろに話し始めた。

「いい？　あなたのレストランは、この丸の位置にあるのよ。そして、この太い線よりも下にある事業は絶対に挽回できないから、もう撤退するしかない。つまり、フレンチレストランは明日にでも閉めなきゃいけないっていうのが、結論よ」

「えっ、えっ……いきなり何を言い出すんだよ！」

「私だって絶対に儲かるって考えて、新しいお店を出すのよ。でも、やっぱりその中で、この図の右下の④に来てしまうお店があるわ。ビジネスには運もあるしね。このお店の前に、有名なブランド宝石店ができたこともある。それだけで、今まで左下の③に位置していた主力のお店が、右下の④の儲からないお店に変わってしまったわ。本当に悔しかったけど、そこで無理して宣伝広告費を突っ込んでも勝てないって判断して、そこのお店は閉めたのよ。あの時、社員もみんな泣

図㉘

成長力が大　↑

この線より下に位置する
ビジネスは撤退すべき

粗利益が大　←——————→　粗利益が小

③　　　　　④
　　　　　レストラン
　　　　　事業

成長力が小

いて従ってくれたけど、このままずっと赤字を垂れ流していたら大変なことになるって、心を鬼にしてお店を閉じたのよ」

「でも、粗利益がプラスであれば、固定費が回収できるから続けるべきじゃないかと」

「あなたが、固定費をすぐに変更できない立場にいるなら、それは正しい意見かもしれない。でも、あなたは社長で、すべての固定費を変えることができる立場にいるのよ」

「でも、レストランの社員が、卸販売業や人材派遣業のような事務作業を手伝えるとは思えないよ。もしできないなら、辞めてもらうなんて、そんなこと……俺には言えない」

「もっと早く赤字に気づいて、資金の余裕があるときなら、社員をクビにしない方法があったかもしれないわ。でも今は、もうタイムアップなの。あなたがセグメント別の決算書を作っていなかったから、意思決定が遅れたのよ。これも、あなたが経営者としての自覚を持たず、勉強していなかったせいよね」

「本当に、もう他に手はないのかな……俺の給料はゼロでもいいんだ。今まで一緒に働いてきた社員は、このまま雇ってあげたいんだよ」

「まだ、分からないの？ あなたは、この新規事業に会社の未来を託して、死に物狂いでやってきた自信がある？ 最初に起業して、北欧家具の卸販売を始めたときのような情熱を持っていた？ かっこいいからなんて理由で、リスクが高い多角化の事業に参入して成功できるはずないわよ。しかも、卸販売業で儲かった利益が、このレストランにつぎ込まれている

300

第五章　会社の戦略が変われば、組織も当然、変わる

ことを知っている社員は、やる気も失せているわ。このレストランの存在が、会社全体のお荷物になっているんじゃない？」

「そうだけど……このレストランを立ち上げるときに、社員達は徹夜したり、土日も返上してくれて、本当に頑張ってくれたんだ。それなのに……クビにはできない」

「あなたの会社で、レストラン事業を撤退させるという意思決定は、あなたにしかできないのよ。だからこそ、現実から逃げちゃダメなの」

「すべての責任が俺にあるなら、社員は悪くないはずだ……」

そう言うと、赤木は下を向いて、黙ってしまった。

「もう、ホントに未練たらしいわね！　私は嫌がらせで『閉めろ』って言っているんじゃないのよ？　ちゃんと、理論的に説明してるし、あなたも理解しているはずよ。私は、あなたや、あなたの会社のためを思って助言しているんじゃないの！　ねぇ！」

赤木はうつむいて、唇を噛んだままだった。

亜里沙は「ふーっ」とため息をつくと、ショーケースの上にあった、冷めた赤木のコーヒーを掴んで、バックヤードに運んでいった。

新しいコーヒーを入れなおし、再びショーケースのある店内に顔を出すと、そこには先ほどより少し穏やかな表情になった赤木がいた。

「分かったよ。俺が経営者として失格だってことは」
「私は、あなたを責めているわけじゃないのよ。誰にだって、失敗はあるわ。ただ、それを受け入れて、それでも自分の成長には必要なことだったと思えることが大切なのよ。そうすれば、ゼロベースで考え直せるし、また新しいことにだってチャレンジできるでしょ」
「亜里沙、本当にありがとう」
「いいわよ。あなた、昔っからやさしいところは変わらないわね。今回は、ちょっとだけ、そのいいところが、うまく発揮できなかっただけよ」
 亜里沙に乗り移っている北条は、赤木を励ましている自分に、ちょっと違和感を感じていた。また一方で、赤木が最後まで社員の悪口を言わないどころか、かばっている言葉を聞いて、「経営者としてはやさしすぎるのかもしれないな」と思い始めていた。
「レストランは閉店する。明日、みんなに言うよ。ただ……そうだとしても、半年間は賃貸契約を解約できないだろうし、お店の内装の原状回復費にもお金がかかる。そのお金が今の俺にはないどころか、今月末の支払いだって大変だろ。ここでレストランを続ける決定をしても、撤退する決定をしても、結局は破滅する運命か……会社が倒産して、社員の給料や取引先への支払いができなくなったら、みんなに迷惑かけちゃうなぁ。俺がもっと早く現状を把握できていれば……」
 亜里沙は黙って、赤木の話を聞いていた。赤木の言わんとしていることは、よく分かる。

第五章　会社の戦略が変われば、組織も当然、変わる

どちらにせよ、お金が足りないから支援して欲しい状況は、何ひとつ変わっていないのだ。
その瞬間、亜里沙に乗り移っている北条の頭の中で、何かがはじけた。
バラバラになったジグソーパズルを、瞬時に組み合わせるかのように状況を整理した北条は、ひと呼吸してから、亜里沙の口を借りて話し始めた。
「分かったわ。じゃあ、5000万円を貸してあげる」
「えっ、3000万円じゃなくて？」
「卸販売業と人材派遣業の決算書を合算して、そこからレストラン事業の賃料だけを差し引くと、来月から半年間のキャッシュフローはマイナス2000万円になるわ。だから、今回の3000万円と合わせて、5000万円を貸してあげるって言っているのよ。そのあと、賃料の支払いがなくなれば、毎月のキャッシュフローは80万円ぐらいのプラスになるし、原状回復費は保証金から支払えば大丈夫でしょ」
「亜里沙……」
赤木は涙目になったが、亜里沙は無視して話を続けた。
「私の話をよく聞いてる？　半年後にキャッシュフローはプラスになるけど、1年間で1000万円にしかならないの。もう、銀行からは借りられない会社に貸すんだし、5000万円なんて大金、ノンバンクは担保がなければ貸してくれないわよ。そのリスクから考えて、あなたが私に支払う金利は年20％になるわよ」

303

「えっ？　そ、そんなに……」

動揺する赤木に対して、亜里沙は目を細めながら、急にショーケースに身を乗り出して、赤木の肩に手を回し、顔を引き寄せてきた。

「あ、亜里沙……どうしたんだよ」

亜里沙は、赤木の吐息が顔にかかるぐらいの距離にまで顔を引き寄せ、形のいい唇を動かしながら、滑らかに話し始めた。さっきまで、赤木を励ましていた亜里沙とは、明らかに雰囲気が変わっていた。

「5000万円の元本は、何年で返すつもりなの？」

「そ、それは……これから会社の利益が増えるようにがんばって、利息と一緒にできるだけ早く返すつもりだよ」

「がんばって返さなくてもいい方法が、ひとつだけあるわ」

亜里沙はミニのタイトスカートを引き上げると、左足をショーケースに乗せて、あらわになった白い太ももをさらけ出して、赤木の身体全体をグイッと引き寄せた。

「5000万円は無利息で貸すし、返済も後でいいわ。その代わり……私とヨリを戻して」

「えっ？」

「難しいことじゃないわ。婚約を破談にすればいいだけのことよ。悪い話じゃないでしょ？　あなたの婚約者よりも、私の方がお金はあるし、ビジネスパートナーとしても、絶対に私の

第五章　会社の戦略が変われば、組織も当然、変わる

方が魅力的よ」

亜里沙はそう言うと、赤木の唇に、ゆっくりと自分の唇を重ね合わせようとした。

赤木も、最初は体を離そうと腰回りに力を入れていたが、やがて亜里沙の腕の力に身体をあずけるようになり、しめし合わせたように、二人は顔を斜めに傾けた。

二人の息が交差しあうぐらいの距離になり、亜里沙の指に力が入った瞬間、器から水が零れ落ちるように、赤木の手がスルリと亜里沙の身体を横切り、そのままショーケースの上に置いてあるパソコンに伸びた。

そして、片方の手で亜里沙の身体をゆっくりと押し戻した。

「……ごめん」

赤木はボソリとつぶやくと、散らかっている資料を掻き集めてカバンの中に放りこみ始めた。

赤木はショーケースの上で、呆然と座り込む亜里沙とは目を合わさず、そのまま帰り支度を整えると、落ち着いた口調で話し始めた。

「その条件は……呑めない」

亜里沙の身体に乗り移った北条は、その言葉を聞いたとたん、だんだん景色がぼんやりと歪んでいくような感じに襲われた。

「終わったな」

北条は心の中でそう思った。

アドバイスは途中までは計画どおりだった。しかし、どうしても、この男に娘の恭子はあずけられないと思い、最後の手段で婚約を破談にさせてやろうと、赤木を誘惑したつもりだった。だが、その戦略は失敗に終わり、しかも赤木の会社にお金を貸すこともできず、最終的には彼を幸せにすることもできなかったことで、自分の地獄行きは決定したに違いない。

だから、今は地獄に落ちる前触れとして、意識が朦朧としてきて、景色が歪んで見えてきているのだろう。北条は薄らぐ景色の中、悲しい顔をして横に立っているKの姿を見た。一瞬、死んだ妻の静子にも見えたが、オールバックのこの男と妻を見間違えるはずがないと思い、「ふっ」と少し笑ってしまった。

その姿を見て、Kが何か言っている様子だったが、その言葉を聞き取ろうとする前に、北条は深い眠りに落ちていった……。

最終章

「幸せ」になろうとする意志

「お待たせ」
　恭子が顔を上げると赤木が横でニコリと笑って立っていた。近くにいた店員に、「コーヒーをひとつ」と言うと、目の前にあった席に座って、編み物をしている恭子に話しかけた。
「何を編んでるんだい？」
「お腹の赤ちゃんのセーターよ」
　恭子はそう言うと、ゆっくりと大きくなったお腹をなでた。
「大丈夫なの？　仕事を抜け出してきて」
「うん、一時期よりだいぶ落ち着いたからね。レストランは閉店したし、北欧家具の卸販売の売上は順調に伸びているし、もう以前みたいに資金繰りに困ることはないよ」
　注文したコーヒーが届いた。赤木は目を細めながらコーヒーを美味しそうに飲むと、恭子がクスッと笑って、赤い毛糸で小さなセーターを編みながら話し始めた。
「でもよかったわね。あなたの運営していた大阪の人材派遣会社の知り合いがいてね。ちょうど東京進出を考えていた派遣会社の事業が売却できて」
「て、いちから社員を募集するよりも、すでに事業として展開しているところを買収した方が早いんじゃないかってことになったらしくてね。こちらが、提示した5000万円の売却金額にも応じてくれたし、あのときは本当に神様はいるんじゃないかって思ったよ」
「神様のおかげじゃないでしょ。決算書のおかげでしょ！」

最終章 「幸せ」になろうとする意志

「ははは、そうだったな。あの時、セグメントごとの決算書を作ったからこそ、必要な5,000万円の金額が分かったんだし、人材派遣業の売却金額もスムーズに決定できた。もし、あの感覚だけで会社を運営していたら、きっと理由も分からず、3つの事業をすべて潰していただろうなぁ」

「そうなったら、私達、一文無しだったね」

「一文無しどころか、借金家族だよ」

赤木がおどけてそう言うと、恭子はくすくすと笑ってみせた。

「恭子……だいぶ元気になったな」

「うん、いつまでもお父さんが死んだことを引きずってはいられないしね」

「俺、お父さんに恭子のウェディングドレス、見せたかったんだけどな」

「きっと天国でお母さんと一緒に見てくれたわよ」

恭子はそう言うと、秋空に広がるウロコ雲を仰いだ。

「でも、今でも信じられないな……ひょっこり、あそこの歩道橋の上のあたりから、手を振ってお父さんが現れそうな気がするんだけどな」

「えっ、あなたもそう思ったの？」

「うん、なんか、そんな感じがしたんだ」

「ねぇ、こういうのって以心伝心って言うのかな？」

309

恭子はニコッと笑うと、再び小さなセーターを編み始めた。

「うーん、違うんじゃないかなぁ。たぶん……『幸せ』って言うんじゃないの?」

「あいつら、なんで、俺が歩道橋の上にいることに気がついたのかな?」

北条はそう言うと、横にいるKが噴き出した。

「たぶん、『以心伝心』ってやつじゃないですか?」

「違うな。俺と恭子なら分かるけど、赤木さんの人生を北条と俺が『幸せ』に導いたじゃないですか」

「でも、結果的には、赤木さんの人生を北条さんと俺が『幸せ』に導いたじゃないですか」

「あれは偶然だよ。むしろ俺は赤木のことを落とし入れようとしたんだからな」

「あぁっ、そうですよ!」

Kはせきをきったように話し始めた。

「北条さんがあんな無茶な行動に出るから、鑑定していた天国の未来局も、その場で判定を『不幸』って出しちゃったんですからね。一時は自動的に地獄に送られるところを私が食い止めたんですよ。それで、その後に未来テレビで再確認してもらって、やっと『幸せ』の判定をもらったんですから」

「感謝してるよ。おかげで地獄へ行かずに助かったよ」

「でも……北条さんは、現世へ復活することを、拒否した」

最終章 「幸せ」になろうとする意志

北条は黙って交差点から、赤木と娘の恭子のことを見ていた。Kはそんな穏やかな顔の北条を見つめながら、構わず話を続けた。

「こんなのの初めての事例でしたよ。結局、恭子さんの結婚式には、出席できなかったじゃないですか」

北条は大きく伸びをすると、落ち着いた口調で静かに話し始めた。

「しょうがないよ、現世に復活する気がなくなっちゃったんだから」

「静子が亡くなった10年前、あのとき一緒に俺の心は死んでしまったんだ。でも、その俺の心を生き返らせてくれたのが、娘の笑顔だった。そして、娘のおかげで希望を取り戻した俺は仕事も成功できて、ずっと幸せだった。それなのに、娘を無償でやってしまうのは悔しいなんて考えて……。あの時の事故は、それを戒める運命だって気になったんだ」

「でも、北条さんは、その運命を乗り越えたんじゃないですか。生き返る権利があるんですよ。生き返れば、娘さんをきっと幸せにしてあげることができるはずです」

「だれも、親や人の助けなんかで幸せになんかなれないよ」

「でも、北条さんのおかげで、今回の五人は現実に『幸せ』になったじゃないですか」

「俺は神様じゃない。たった1時間の助言で、一人の人間の人生を『幸せ』になんてできないよ。彼らは、どうやったら良い方向に進めるのかという方法を知ったとき、自分でそれを実行しようとする意志を持った。そのあとは、彼らが一生懸命、努力したからこそ、本当に

将来の結果を変えることができたんだ」

「……これって、会社も同じってことなんですかね?」

「そうだよ。決算書は会社の『結果』だけを表わしているって勘違いしている奴が多いんだ。でも、決算書を分析したり内容を組み替えたりすると、実は、そうなった『過程』も分かるもんなんだ。そして、その『過程』で、意思決定が間違っていた部分を探し出して、これからの『過程』を変えてやれば、会社の将来の決算書、つまり『結果』を変えることができるんだ」

「それで、北条さんは決算書から、その『過程』を読み解く方法を五人に教えたんですね」

「それと、将来の『過程』を変える方法もサービスで教えてあげたんだけどね。ただ、それを実行して、本当に結果を出すためには、本人の"やり遂げる"という強い意志が必要だっていうのは、人生と同じだけどな」

「それなら、娘さんにも、その方法を教えてあげないといけないじゃないですかね?」

「いや、娘はもうそれを見つけたよ。俺の死を受け入れて、結婚して子供も授かった。俺からは独立して、幸せになる意志を持ったんだ。それを拍手して、遠くから見守ってやるのが親の義務じゃないのかな。だから俺は自分の意志で生き返らないし、その必要もない。おれも娘も、このままで『幸せ』なんだ」

「でも、このあともずっと『幸せ』になれるか分からないですよ」
「それは、未来局に聞けば分かるんじゃないのか?」
「個人情報の保護が最近、うるさいですからね。今回のようなことがないかぎり、個別の情報は教えてくれないんです」
「まぁ、『幸せ』になろうとする意志を持って、自分の力で努力しているんだから、絶対に『幸せ』になれるに決まっているさ」
「だけど……」
「いいんだよ、Kが気にすることなんてない。それどころか、俺はKに、そして天国に感謝しているんだよ。死ぬ前に、少しだけ長く、現世と関わることを許してくれたんだからね。そして、俺は自分が今までずっと『幸せ』だったことを知ったんだ」
「でも、北条さん、ひとつだけ心配があるんですけど、恭子さんの旦那さんである、赤木さんは、本当に大丈夫なんですかね?」
Kにそう言われると、北条はクスクスと乾いた声で笑い出した。
「あいつ、あのとき亜里沙とヨリを戻すふりだけして、お金を引き出すこともできたのに、やろうともしなかった。だから、こいつ経営者としてはダメでも、恭子を幸せにはできるんじゃないかって思ったんだよ。それに……恭子は、赤木のそんな誠実なところを、とっくの昔に見抜いていたかもしれないなぁ」

北条がそう言うと、背中越しにいる女性が、艶のある声を二人の会話に挟んできた。
「あら、あなたが人を褒めるのは珍しいわね」
「静子、聞いていたのか？」
　北条がそう言うと、静子は恭子とそっくりの可愛らしい八重歯を見せながら話し始めた。
「赤木君にはね、あなたにはない、素直さとやさしさがあるのよ」
「そっ、そんなことはないだろ！　俺だって十分、素直だし、やさしいぞ。それよりもだ。今回のことは、すべてお前が天使のKに指示を出して、仕組んだことなんだろう？」
「あら、何を人聞きの悪いことを言っているのよ。偶然よ、ぐうぜん！」
「俺は今でも信じられないな」
「私が働いている天国での管轄部署に配属されてきたKが、たまたま、あなたが事故を起こした地域の担当だったから、ちょっとだけ伝言をお願いしただけじゃないの」
「ちょっとした伝言って……なんだかトゲのある個人情報の公開が多かったぞ」
「そうね。私が現世で言い逃したことばかりだから」
　静子はそう言うと、ベーッと舌を出して、笑ってみせた。Kは、北条と静子の夫婦漫才のような会話を聞きながら、いつもの明るい笑顔で話し始めた。
「でも、北条さんに静子さんのことを突っ込まれたときは、本当に冷や汗ものでしたよ。まさか、あの指輪の領収書で、静子さんの存在に気づくとは思いませんでした」

314

「何年、経営コンサルタントの仕事をやってると思ってんだよ。あんなの、決算書の粉飾を見つけることに比べたら、練習問題みたいなもんだよ」

「でも、あなた、本当によかったの？」

「なにがだ？」

「私だったら、いつまでも天国で待っていたのに」

静子は申し訳なさそうな顔をしてうつむいた。しかし、それとは正反対に、北条はすがすがしい顔をしながら、ぎゅっと静子の肩を引き寄せて、手を握り締めた。

「実は、天国に行って、やらなきゃいけないことがたくさんあるんだよね」

「やらなきゃいけないこと？」

静子がそう言うと、Kが嬉しそうな顔をして、二人の間に割って入ってきて、カバンの中から書類の束を出した。

「現在の天国の決算書です。最近、景気が悪くて、どうにも業績が上がらなくて……一度、北条さんに天国に来てもらって、決算書を見てもらおうと思ってます」

静子があっけに取られた顔をしていると、北条がにやりと笑ってつぶやいた。

「しばらくは、死んでも休みはなさそうだな」

北条がそう言うと、三人は歩道橋の上で大声で笑い出した。

青木寿幸（あおき　としゆき）
公認会計士・税理士・行政書士。日本中央税理士法人　代表社員／株式会社日本中央会計事務所　代表取締役。大学在学中に公認会計士二次試験に合格。卒業後、アーサー・アンダーセン会計事務所において、銀行や大手製造業に対して最新の管理会計を導入し、業績改善や組織改革の提案を行う。その後、モルガン・スタンレー証券会社、本郷会計事務所において、M&Aのアドバイザリー業務、不動産・債権の流動化業務、節税対策の提案などを行う。平成14年1月に独立し、株式会社日本中央会計事務所と日本中央税理士法人を設立して代表となり、現在に至る。会計・税金をベースとして、会社の再生、組織再編、株式公開の支援、IR戦略の立案、ファンドの組成、事業承継対策などのコンサルティングを中心に活動。テレビ埼玉の「埼玉経済情報」にレギュラーコメンテーターとして出演していた。
著書に『ありふれたビジネスで儲ける』（明日香出版）など多数。
ホームページ：「経営分析.com」http://www.b-science.com

〈著者紹介〉
竹内謙礼（たけうち　けんれい）
有限会社いろは　代表取締役。大企業、中小企業を問わず、販促戦略立案、新規事業、起業アドバイスを行なう経営コンサルタント。楽天市場に出店したネットショップはオープン3年目で年商1億円を達成。2年連続で楽天市場のショップ・オブ・ザ・イヤー「ベスト店長賞」を受賞。またオークション＆ショッピングサイト「ビッダーズ」において準グランプリを受賞。現在は起業家育成事業の「ドリームゲート・カレッジ」において講師をする傍ら、全国の商工会議所や企業等でセミナー活動、及び日経MJ等の新聞や雑誌にて連載・執筆を行う。また、「タケウチ商売繁盛研究会」の主宰として、多くの経営者や起業家に対して低料金の会員制コンサルティング事業を積極的に行っている。
青木氏との共著として『会社の売り方、買い方、上場の仕方教えます』（クロスメディア・パブリッシング）、著書に『売り上げがドカンとあがるキャッチコピーの作り方』（日本経済新聞社）など多数。

【著者からのお知らせ】
竹内謙礼が毎週発行しているメールマガジン「ボカンと売れるネット通販講座」に登録するだけで、竹内謙礼と青木寿幸が書き下ろした特別レポート「決算書を見て、『分かったふり』ができる5つのポイント」を、**無料でインターネットからダウンロード**できます。さらに**会計のことが手に取るように分かる情報も満載**ですので、ぜひ、ご利用下さい。なお、この無料プレゼントは期間限定で、すぐにでも終了する可能性があります。
ヤフーかGoogleで、**「竹内謙礼のボカン」と検索**してください。1番目に「竹内謙礼のボカンと売れるネット通信講座」のホームページが表示されます。

URL = http://www.e-iroha.com

○装丁　デザインウルフ
○装画　上田バロン

会計天国

今度こそ最後まで読める、会社で使える会計ノウハウ

2009年5月7日　第1版第1刷発行
2009年7月21日　第1版第8刷発行

著　者	竹　内　謙　礼
	青　木　寿　幸
発行者	江　口　克　彦
発行所	Ｐ　Ｈ　Ｐ　研　究　所

東京本部　〒102-8331　千代田区三番町3番地10
　　　　　ビジネス出版部　☎ 03-3239-6257（編集）
　　　　　普及一部　☎ 03-3239-6233（販売）
京都本部　〒601-8411　京都市南区西九条北ノ内町11
PHP INTERFACE　http://www.php.co.jp/

組　版	朝日メディアインターナショナル株式会社
印刷所	株式会社精興社
製本所	株式会社大進堂

© Kenrei Takeuchi & Toshiyuki Aoki 2009 Printed in Japan
落丁・乱丁本の場合は弊社制作管理部（☎ 03-3239-6226）へ
ご連絡下さい。送料弊社負担にてお取り替えいたします。
ISBN978-4-569-70917-8

PHPの本

「頭がいい」と思わせる文章術
仕事で結果を出す"稼ぐ書き方"

2年連続で楽天市場「ベスト店長賞」を受賞した著者が、確実に成果を出し、お金を稼ぐための文章術を教える。読ませる力が儲けを生む!

竹内謙礼 著

定価一、三六五円
(本体一、三〇〇円)
税五%